中国文化小通史 辽西夏金元

王春瑜 主编
邱树森 著

海峡出版发行集团
福建人民出版社

图书在版编目（CIP）数据

中国文化小通史. 辽西夏金元 / 邱树森著. -- 2 版. --福州：福建人民出版社，2020.10（2025.4 重印）

ISBN 978-7-211-08264-3

Ⅰ.①中… Ⅱ.①邱… Ⅲ.①文化史－中国－辽宋金元时代－通俗读物 Ⅳ.①K203－49

中国版本图书馆 CIP 数据核字（2020）第 001436 号

中国文化小通史·辽西夏金元

ZHONGGUO WENHUA XIAOTONGSHI · LIAO XIXIA JIN YUAN

主　　编：王春瑜
作　　者：邱树森
责任编辑：韩腾飞
出版发行：福建人民出版社　　电　　话：0591-87533169（发行部）
地　　址：福州市东水路 76 号　　邮　　编：350001
网　　址：http://www.fjpph.com
电子邮箱：fjpph7211@126.com
经　　销：福建新华发行（集团）有限责任公司
印　　刷：福州德安彩色印刷有限公司
地　　址：福州市金山浦上工业区 B 区 42 幢
开　　本：787 毫米×1092 毫米　1/32
字　　数：80 千字
印　　张：4.375
版　　次：2020 年 10 月第 2 版　2025 年 4 月第 3 次印刷
书　　号：ISBN 978-7-211-08264-3
定　　价：15.00 元

目录

第一章　辽代文化

辽是契丹族在中国北方建立的一个王朝。契丹族是古代鲜卑的一支，分布于潢河（今西拉木伦河）和土河（今老哈河）一带，以游牧、狩猎、捕鱼为业，到隋唐时已建立以大贺氏为首的部落联盟。唐开元年间遥辇氏崛起。唐天祐四年（907 年）迭剌部取代遥辇氏，其首领耶律阿保机称帝。916 年，耶律阿保机建契丹国，以后国号或改为辽，或改大契丹国，又复号为辽，习惯上自 916 年契丹建国至 1125 年为金朝所灭，统称辽朝。辽亡后，宗室耶律大石率部西迁至中亚楚河流域，重建辽国，史称西辽，1218 年被蒙古所灭。

辽代文化具有鲜明的北方文化发展的特质：一方面，契丹族所特有文化特色得到继承和发扬；另一方面，由于契丹族强大后与汉族及其他民族交往的增多，特别是契丹得燕云后，出现了契丹文化与汉文化的共存共融局面，因而使契丹等北方民族在中华文化形成和发展过程中发挥了积极作用和深远影响。

一、文化艺术与科学技术

1. 文字创制与文字学

文字的创制。契丹属东胡系统，契丹语与乌桓、鲜卑同属阿尔泰语系。契丹建国前并无文字，契丹在建立王朝后，为了适应政治、经济和文化等方面的需要，曾参照汉字创造了两种契丹文字。契丹大字是神册五年（920 年）由耶律鲁不古、耶律突吕不所创制，共 3000 余字，是一种形体近似汉字的方块字。契丹小字是太祖弟耶律迭剌参照回鹘字对大字改造而成的，这种文字趋于拼音，每个字由 1～7 个原字组成（契丹小字的研究目前已取得突破性进展，国内外学者已能释出 400 余条语词，并构拟出 100 多个原字的音值）。这两种契丹文字在辽代与汉字并行。金灭辽后，曾沿用一段时间，直到金明昌二年（1191 年）才明令废除。但在西辽仍继续使用。由于辽代书禁和战乱等原因，契丹文字的书籍基本上没有流传下来，还有待于研究发掘。现在传世的契丹字资料都取自出土和发现的碑刻、铜镜、印章、货币和墨书题字等。

辽对外正式公文、诏令、奏议、国书、文牒，以及佛经翻译、解释、著作等，多用汉文，文学作品也多用汉文书写。

汉语言文字学。燕京僧人行均，俗姓于，字广济。著《龙龛手镜》4 卷，是一部通俗的汉字字书，完稿于圣宗统和十五年（997 年）。全书收 26433 个字，注释共 163170 余字。部首按平、上、去、入四声划分，突破东汉许慎《说文解字》旧例，自成体系。此书曾传入宋朝，并雕版发行，改名《龙龛手鉴》。燕京另一僧人希麟，仿唐高僧慧琳《一切经音义》例，对《开元释教录》以后的佛经，续加音注，撰成《续一切经音义》10 卷。

2. 文学艺术

文学。辽代的文学艺术受中原影响很深，皇室、贵族多习汉文，有的文学素养甚高。宋代民间出版印行的书籍，广泛流入辽境，如《史记》《汉书》一类，被大量翻刻。

辽初，辽太祖耶律阿保机、辽太宗耶律德光都通晓汉文。阿保机长子东丹王耶律倍就具有极高的汉文化素养，善诗画，曾作《乐田园诗》《海上诗》等。因弟耶律德光立为帝（太宗），遂出奔后唐，改姓名为李赞华，带走了图籍数千卷，他的藏书达万卷，筑藏书楼曰望海堂，可见其对汉文化的重视。圣宗隆绪 10 岁能诗，一生作诗 500 余首。道宗洪基，也爱吟诗作赋，编有《清宁集》，作品清新雅丽，意境深远，有《题李俨黄菊赋》云：“昨日得卿《黄菊赋》，碎剪金英填作句。至今襟袖有余香，冷落秋风吹不去。”其他契丹人用汉文创作的作家还有耶律资忠、耶律孟简、萧韩家奴、耶律谷欲、耶律庶成、耶律隆光、萧柳、萧孝穆、耶律良、耶律纯、耶律常哥等。其中平王耶律隆先有诗集《阆苑集》，萧柳有《岁寒集》，耶律良有《庆会集》；萧韩家奴字休坚，自幼博览经史，通辽、汉文字，善诗赋，辽兴宗曾命其作《四时逸乐赋》，并译《通历》《贞观政要》《五代史》，供皇帝知古今成败，有《六义集》12 卷；耶律孟简，字复易，6 岁即能赋诗，道宗太康年间，闻皇太子被害，不胜哀痛，作《放怀诗》20 首。

李瀚，初仕五代后晋，晋亡归辽，官至礼部尚书，世宗时以辞章见称，有《丁年集》，曾奉命撰《太宗功德碑》；王鼎，字虚中，涿州人，博通经史，尤善诗词；杨佶，善诗文，有《登瀛集》。

书画。契丹画家具有自己的民族风格。耶律倍善画本族人物，尤擅长画鞍马、鹿等，北宋时宫廷收藏其作品 15 幅，现存《射骑图》《射鹿图》两幅。胡瓌、胡虔父子也是契丹族画家。胡瓌的画主题多契丹游牧生活，“能曲尽塞外不毛之景趣”。画面铺叙巧密，用笔清劲，形容备尽，尤善画马匹，骨骼体状，富有精神，北宋宫廷内收藏他的画有 65 幅，传世有《卓歇图》等。子胡虔，画风酷似乃父，北宋收藏其画 44 幅，传世有《汲水蕃部图》等。契丹画家还有萧瀜、耶律题子、耶律褭履等。辽世宗、圣宗和兴宗也以善丹青闻名。

辽代流行壁画。辽代壁画墓已发现数十处，内容多为草原风光、番汉人物、飞禽走兽、祥云花草、穹庐车帐等，这些壁画是辽代社会状况的真实记录。庆陵有辽人四季游猎生活的壁画。1972 年在吉林库伦旗辽墓中发现巨幅彩色壁画一组，画面中有契丹贵族、汉族官员、契丹、汉族奴婢，有山水花鸟及车马、日常用具，画技高超。近年来，阿鲁科尔沁旗发现的契丹贵族墓也有壁画出土。

雕刻作品比较普遍，多见于石窟、石幢；浮雕多见于砖塔、石碑。辽代石刻家曾为太祖、景宗等刻凿塑像，大同佛字湾观音堂保存着一组辽代石造群像。辽代在云冈大兴土木，修整像 1876 尊。山西大同华严寺薄迦教藏殿中有泥塑释迦牟尼等 31 尊菩萨塑像，体态各异，为辽代精品。1974 年在释迦塔内发现辽代绘画 7 幅，均出自民间画工之手，功力深厚。

音乐歌舞。辽代音乐有契丹本族音乐，也有来自中原的音乐。契丹音乐称为“国乐”，民间广泛流传，皇族臣僚宴饮，或在春天“捺钵”获头鹅宴饮时，也奏“国乐”，著名曲调有《契丹风土歌》。“国乐”乐队一般由数十人组成，以小乐器为主。辽代也流行“雅乐”，为仿制后晋“宫悬雅乐”而成，其八音十二律与唐乐大体相同。演奏“雅乐”主要乐器有编钟、编磬，乐队庞大，多至 381 人。雅乐主要用于宫廷，如上谥册仪、皇帝受册仪、祭祀仪、拜月仪、祀神仪等。散乐是民间歌舞形式，有乐队伴奏歌舞，也有角抵等娱乐性节目。散乐乐器有箫、笛、笙、琵琶、五弦、箜篌、筝、大鼓、拍板等。散曲在宫廷中用于皇帝生辰、纳后、朝贺、迎宾、岁时杂仪中，民间则用于婚丧嫁娶等场合。内蒙古赤峰市翁牛特旗解放营子辽墓壁画中有一幅欢宴图，逼真地描述了契丹散曲演奏情景，8位乐工，一律汉服，头戴幞头，分奏觱、箫、笙、横笛、箫及击腰鼓、击大鼓、起舞、拍板。可见，散曲来自北方汉族，为辽代各族普遍喜爱的音乐。

契丹人的歌舞，史无记载，但现存一些建筑浮雕、绘画和墓葬画中能反映出当时契丹人的舞蹈形象。其形式一般由乐器伴奏，边歌边舞。契丹人舞姿与中原汉人不尽相同，节奏更强，适合打击乐器伴奏。辽代流行的舞蹈有：臻蓬蓬歌、莽式舞、反弹胡琴舞、剑舞、假面舞、弓箭舞、踏锤等。

辽代还流行戏剧形式的百戏，如杂剧、手伎、戏马等。唐、宋流行的早期杂剧在辽代也有演出。辽代不仅有伶人扮演角色，有时契丹皇帝和后妃们也亲自演出，如兴宗皇帝常常夜宴，让后妃换上女道士服装，自己也参加演出。手伎属于用手表现的歌舞，戏马是骑马取乐，为马术舞蹈。契丹还流行马球，在马背上双手持杖击球。

3. 史学

官方修史制度。从辽太祖耶律阿保机建国起，辽即沿袭唐宋修史制度，设监修国史官职，命耶律鲁不古任其职。辽太宗时，诏编《始祖奇首可汗事迹》，奇首可汗就是契丹传说中的始祖。景宗以后，修史制度日趋完备，在南面官统治机构中，专设国史院和起居舍人院两个修史机构，负责修纂本朝历史。国史院设监修国史、史馆学士、史馆撰修、修国史、同修国史等官职。监修国史由枢密使兼领，史馆学士为辽朝所专设，其他朝代无此职。辽仿宋制设起居院，掌修起居注。

官修史书。辽代官修史书主要是起居注、日历和实录。

起居注是由起居舍人院的史官记录当时皇帝的言行，辽自景宗以后各朝都有起居注。

日历是根据起居注的记录，由史官逐日撰成有关朝政事务的编年体裁的史册，辽代有专门的史官从事该工作。

实录是根据日历编纂而成的，属编年体。辽太祖设监修国史官，令耶律鲁不古监修国史，所修《始祖奇首可汗事迹》就是凭契丹人口头传说而记录的先祖史事，也列入实录之类中。景宗时，室昉监修国史，于统和九年（991年）与邢抱朴合撰《统和实录》20卷。兴宗时，萧韩家奴、耶律庶成、耶律谷欲等纂修自遥辇可汗至兴宗重熙年间史事20卷，称《辽国上世事迹及诸帝实录》。道宗大安元年（1085年），成《七帝实录》，始太祖至兴宗。天祚帝时，命耶律俨修《皇朝实录》70卷，为金、元修纂《辽史》所本。

主要史学家。辽代史学家所撰史学著作，多为官修史书，私人著作留世极少。主要史学家有萧韩家奴、耶律庶成、耶律孟简、耶律俨、王鼎等人。

萧韩家奴，字休坚，辽捏剌部人。通辽、汉文字。兴宗时曾上书请修契丹先世的历史，得到兴宗赞许，遂奉诏与耶律庶成、耶律谷欲共同编纂《辽国上世事迹及诸帝实录》。他还与耶律庶成共同撰成《礼典》，参阅中原王朝礼制编成此书，共3卷，对辽朝“明礼义，正法度”起了很大作用。辽代还有《辽朝杂礼》一书，作者不详，内容包括礼、乐、职官、仪卫等志。

耶律庶成，字喜隐，小字陈六，辽皇族季父房之后，善辽、汉文字。除上述与萧韩家奴完成《辽国上世事迹及诸帝实录》和《礼典》外，还与萧德共同修订《律令》，可见他不仅是一位史学家，也是一位法学家。

耶律孟简，字复易，善文章。道宗时上《乞修国史表》，又编撰耶律曷鲁、屋质、休哥3人行事以进，这就是《续文献通考》所著录的《辽三臣行事》一书。道宗时史官所修《七朝实录》实际上就是耶律孟简据《太祖实录》《太宗实录》《世宗实录》《穆宗实录》《景宗实录》

《圣宗实录》《兴宗实录》，加以续修、改修、编纂，在体例上也有许多变更。他的史观也是值得称道的，他认为："史笔天下之大信，一言当否，百世从之。"可见他对史学家的责任十分重视。

耶律俨，字若忍，析津府（今北京）人。本姓李，为汉人，其父在道宗时赐姓耶律。天祚帝乾统三年（1103年），奉诏纂修太祖诸帝实录。他续修《道宗实录》外，又据前几次所修各朝实录和耶律孟简所修《七朝实录》，并参阅其他史书，编订成《皇朝实录》70卷。该书已包括纪、志、表、传，内容很完整，故为元修《辽史》所据。

王鼎，字虚中，涿州人。博通经史。大安五年（1089年）著成《焚椒录》，记述权臣耶律乙辛利用官婢单登诬告宣懿皇后与伶官赵惟一私通一案。他直书其事，以洗刷宣懿皇后之冤。这本书是辽代私人所著史书仅存的一部。

辽代史学家在修史时，十分注意契丹人的起源，他们自称是炎黄子孙。《辽史·世表》称辽本炎黄之后，耶律俨称辽为轩辕氏之后。他们非常强调契丹族是中华民族的一员。

4. 儒学与教育

辽代统治者十分尊孔，以儒家学说作为治国主导思想。神册三年（918年）建孔子庙于上京（今内蒙古巴林左旗南)，辽太祖曾亲谒祭祀。辽帝对儒家思想有利于治国很是重视。辽圣宗时，枢密使、监修国史室昉进《尚书·无逸》篇，侍读学士马得臣录唐高祖、太宗、玄宗行事可效法者与进，皆得到圣宗赞许；兴宗时枢密使马保忠谏帝勿“溺于浮屠”“朝政不纲”，主张“崇儒道”；道宗对儒家经典悉心学习、钻研，也亲谒孔庙。

辽代统治者对教育十分重视。在民间，北方契丹人聚居区多习契丹文字；南部燕云地区贵族、地主子弟多习汉文、儒家经典以应科举考试。辽朝廷在中央设国子监、太学，南京、中京、东京、西京均设太学，地方设国学。教学内容以儒家经典为主，又刊行《史记》《汉书》等供学生学习。

辽初建，辽太宗即实行开科取士，但作为定制则始于圣宗时，当时仅设诗赋、法律两科，以后曾增设贤良科、明经科。

5. 科学技术

医学。太宗时，太医直鲁古著有《脉诀针灸书》1卷，流传至明代。圣宗统和年间（983—1011)，五院部人耶律敌鲁精于医术，察形色即知病原，得“世预太医选”。兴宗时，耶律庶成将《方脉书》译成契丹文。契丹人学会中原汉人医术，并在辽境推广。

建筑。辽代现存的建筑主要是佛教建筑，其风格比较独特、端庄。现存蓟县独乐寺观音阁，为3层重叠木结构建筑，它同大同华严寺薄迦教藏殿等都继承了唐代建筑的框架法。佛塔很普遍，应县释迦塔高67米，底层直径约30米，八角六檐五层，连同暗层共有九层，是我国现存最古、最大、最高的木构佛塔。

二、宗教信仰和社会习俗

1. 宗教信仰

萨满教。萨满教是一种原始多神教，其主要表现形式是由萨满直接与超自然相通，以异常的精神状态，成神说神话，以行占卜之事，包括自然崇拜、图腾、万物有灵、祖先崇拜、巫术等在内的原始宗教。我国许多北方民族中都流行过萨满教，契丹族也包括在内。

原始时期的契丹人，将神人、天女作为自己尊崇的天神和地祇；把黑山（今内蒙古巴林右旗北罕山）作为人死后灵魂的归宿地；木叶山（今西拉木伦河、老哈河汇合处附近）是契丹人始祖奇首可汗的发祥地，皆以时祭。他们认为始祖奇首可汗就是萨满，奇首可汗8个儿子也是萨满，族属繁衍，形成8个部落。

契丹建国后，契丹族的萨满逐渐成为专门从事神事活动的宗教人员，他们被称为“巫”或“巫觋”，觋即为男巫，分为太巫、大巫、巫 3 个等级。他们身穿白衣素巾的“法衣”，有法器铃和箭，在各阶层民众中从事神事活动。

佛教。契丹建国前，曾于 902 年在龙化州（今内蒙古奈曼旗东北）建开教寺，当为佛教传入契丹的标志。建国后，阿保机于神册三年（918 年）下诏在皇都建佛寺和道观。天显元年（926 年），灭渤海国后，俘渤海僧人崇文等 57 人至皇都，建天雄寺。以后，又不断在诸京和州县建寺庙。到兴宗朝后，佛教盛极一时，贵族之家舍宅建寺，舍儿女为僧尼，向寺庙施舍钱财、田地、人户，建庙修塔、造像刻经更是普遍。寺庙势力也急剧增长，广占田土、财富、人口，上层僧尼成为封建地主。有的僧人甚至被封官晋爵。如兴宗时觉华岛（今辽宁兴城菊花岛）海云寺僧郎思孝被封为“荣禄大夫、守司空、辅国大师”，皇帝、诸王、公主皆尊他为师，兴宗曾与他诗文唱和。道宗时佛教发展更快，咸雍八年（1072 年）有一天多达 3000 人削发为僧者。道宗本人就十分崇佛，曾亲去寺院讲经。

辽代佛教以华严宗最盛，佛教圣地五台山由辽西京管辖，是华严宗的教学中心。上京开龙寺僧也专攻华严。辽道宗曾亲撰《华严经随品赞》10 卷。

随着佛教的传播，佛经的校勘、刊印日益发达，从重熙初至咸雍四年（1068 年）共完成 597 帙木板雕印的佛经。1974 年，在山西应县辽代木塔释迦塔中发现了藏经 12 卷和辽刻佛经 30 余卷。其中，《辽藏经》比《开宝藏》

还早，是国内现存最早的大藏经版本。这些木刻经书，绝大部分是辽国南京雕版印刷的。

道教。契丹统治者对外来宗教采取兼容并蓄政策，因而并不排斥道教。契丹皇帝和贵族中也有不少信奉道教，辽圣宗之弟、齐国王耶律隆裕对道教十分崇信，他在任东京留守期间，曾兴建道观。许多教界人士受辽帝宠信，有的被委为显官。

一般平民百姓向道士打卦问卜，预测吉凶，招贴门神，驱鬼求安。辽代契丹人在选择墓地时，常依道教的四方四神风水说，在辽墓壁画中，绘有门神和四方神。如内蒙古赤峰市翁牛特旗发掘的辽代广德公墓葬中，木棺上就绘有两个门神。“羽化成仙”和“骑鹤升天”是道教徒成仙的途径。通辽市二林场辽墓出土的三彩瓷枕上，前后各绘有一人骑大鸟乘风飞去的画面。

2. 社会习俗

婚葬。早期契丹人的婚姻形态是族外婚制，即一个部落分为互通婚姻的两个氏族或两个“半边”（胞族）。随着社会的发展、外族的加入、部落的重建等，严格的族外婚制遭到破坏。但在统治集团中，这种残余存在很久，甚至与辽政权相始终，同姓不婚的习俗也一直保存下来。

为笼络和迁就氏族显贵，壮大自己的力量，阿保机曾将大贺氏、遥辇氏和皇族定为三耶律，其后人全部以耶律为姓。而与三耶律各家通婚的氏族或家族，在景宗以后便统统成了萧氏。耶律本为世里的异译，是阿保机家族早期居住的地名，进而演变为姓氏。萧是述律的汉字谐音，作为契丹姓氏，出现较晚。辽太宗皇后之兄萧翰才开始以萧为姓。贵族的属民则从其主姓。其余各部中，彼此通婚的两个氏族也多分别以耶律和萧为姓，于是契丹人中这两个姓的人很多，其他各姓极少。

早期契丹人曾行风葬（又称树葬），将死尸置于树上，3 年后焚骨而葬。建国后多行土葬。辽墓早期多为圆形砖室，中期为八角形砖室，晚期为六角形砖室。尸体盛以木棺，随葬品多为生活用具、牛马具、金银器、铜铁器、陶瓷器等。对不能及时下葬的死者，契丹人有保存尸体独特的防腐措施：用尖苇刺破皮肤，使血液流尽，破腹取出内脏，填进香药、盐、矾等，再用五彩线缝合。有些用银或铜制面具覆盖面部，用铜、银丝编成网络罩裹手足或全身。太宗灭晋回师时死于栾城，即用剖腹实盐之法运回草原安葬，晋人称之为“帝羓”。

契丹人埋葬或祭奠死者，有“烧饭”的习俗。所谓“烧饭”就是祭祀，契丹、女真都有此习俗。“烧饭”时间有初死、既葬、一月、二月、七七、周年或每月朔望、节辰、忌日等。所烧物品有饮食、衣物、弓矢、鞍勒、玩好、图画、车马等。先筑高台，以盆盛物置于台上，或掘地为浅坑，置物其中，然后用火焚化。他们相信所烧的东西可供死者在另一个世界享用。

衣食住行。辽太宗时定“衣冠之制”，即所谓“北班国制，南班改制，各以其便焉”。辽国皇帝和南面官，着汉服；皇后和北面官，用契丹装束。有祭服、朝服、公服、常服、田猎服、吊服等。普通契丹人穿圆领窄袖长袍，束腰，穿长裤、长靴或连靴裤。契丹男子都髡发，但形式多样。一般为剃去头顶和颅后发，只留两鬓或耳后发，并从耳环内穿过，垂于肩后，或编成发辫。女子也有髡发的，内蒙古察布前旗豪欠营湾子山辽墓出土的契丹女尸，就是剃去额前发半寸许，余者编成发辫和披于脑后。契丹男子带毡冠，也有以巾裹头的；一般契丹人多穿长筒靴。

契丹饮食以乳、肉为主，有酪糜（乳粥）、腊肉、濡肉（湿肉、煮肉）等，也食干、鲜水果和蔬菜。契丹人好饮酒、饮茶，并已形成独特茶道文化，宣化发现的辽墓壁画中就有“茶道图”。

居住的毡帐呈半圆形顶，用皮绳拴缚，门多东向。以车马为交通工具，存放物品用毡车，迁徙载物用大车。妇女既乘马，也乘坐小车。身份地位不同，车的形制、装饰也不同。契丹人所用的车多为奚车，奚人以善制车闻名。奚车长辕、高轮、粗辐，前后各设一门，盖轿顶状，有黑色或彩绘车棚、垂幔、流苏、金华装饰。多以骆驼或马驾挽。

辽帝仍按自己民族的传统习惯，一年四季进行渔猎，在游猎地区所设的行帐（行宫）称“捺钵”。而京城的宫卫（宫帐）称“斡鲁朵”。

节日和娱乐。契丹人的节日有正旦、人日、鹘里时、㑇里时、佛诞日、上巳、重五、捏褐耐、重九、戴辣、冬至等。

正旦：契丹语称“迺捏咿儿”。用糯米饭和白羊髓制成拳头大小的饭团，每帐四十九枚。凌晨从窗中扔出，得双数为吉，奏乐饮宴；得单数不吉，令萨满鸣铃、执箭，绕帐歌呼，帐中于火炉上爆盐，烧“地拍鼠”（黄鼠狼，契丹语称“卑离邦”），称为“惊鬼”，帐中人要过七天才能出门。

人日：正月前七天，各有所属。一鸡、二狗、三猪、四羊、五马、六牛、七人。至其日，天晴则祥，阴则不祥。逢阴即于庭中煎饼为食，称“熏天”。

鹘里时：契丹语，“鹘里”为“偷”，“时”为“时”，即“放偷日”。正月十三日起，许人偷盗三天。至期，各家都严加防备，如遇人来偷，也只能含笑相遣，或事后以相应财物赎回。

㑇里时：契丹语，“㑇里”为“请”，“时”为“时”，意为“请客的日子”。二月初一中和节，萧姓请耶律；六月十八日，耶律请萧氏。

佛诞日：二月初八为释迦牟尼诞辰，京师、州县用木雕佛像，仪仗百乐导从，循城为乐。这是由宗教活动演变来的节令活动。

上巳：三月初三，契丹人举行射兔活动，称“陶里桦”，“陶里”为“兔”，“桦”为“射”。先做木兔为靶，参加者分为两队，骑马射兔，先中者胜。败者下马进酒，胜者在马上啜饮。这是与狩猎相关的娱乐和竞技活动。

重五：契丹语称“讨赛咿儿”，“讨”为“五”，“赛咿儿”为“月”。五月初五日，采艾叶和绵做衣服，皇帝七件，臣下三件；普通百姓以五彩丝线缠臂，称“合欢结”，用彩丝缠绕成人形，簪于头上，称“长命缕”。皇帝与群臣宴饮，食艾糕，佐以大黄汤。

捏褐耐：契丹语，“捏褐”为“狗”，“耐”为“头”。八月初八日，杀白狗，埋于寝帐前七步处，使狗嘴露出地面。至中秋，将寝帐移至埋狗处。契丹人相信狗能驱邪。

重九：契丹语称“必里迟离”，意为九月初九日。这天，皇帝率群臣、部族射虎。射少者负，罚重九宴。射虎后，于高阜处设帐，饮菊花酒，用兔肝、鹿舌做肉酱，研茱萸为酒，洒门户以避邪、禳灾。

戴辣：契丹语，“戴”为“烧”，“辣”为“甲”。十月，五京向皇帝进献纸制小衣甲、枪刀、器械万副。十五日，皇帝与群臣望祭木叶山，用契丹字写书状，与衣甲同时焚化。这是与军事活动相关的祭祀。

冬至：杀白羊、白马、白雁，取血和酒，望拜黑山。

五京进献纸造人马，祭山时焚化。契丹人认为人死后魂灵归黑山，所以对黑山极为敬畏，不祭祀不敢接近。

此外，皇帝即位行柴册仪，也称“燔柴”或“燔柴祭天”；祈雨有瑟瑟仪，也称射柳仪；出征、得胜班师、献俘等，有告庙仪；又有拜山（拜木叶山）、拜日仪等。

契丹人的娱乐活动主要有射柳、击鞠等。射柳是瑟瑟仪时举行的文娱体育活动，以骑马射断柳枝并接枝在手者为优胜，断而不能接者次之，中而不断、断其青处或不能中者为负。击鞠又称击球、骑鞠。参加者分两队，骑马、执棍（棍下端弯曲和偃月），共击一小球（以软木削成），以击球进门入网者为胜。

祭东、骑鞠、烧饭、射柳、放偷，均为后代金人所袭，有的风俗甚至传入中原。

第二章　西夏文化

西夏是党项族所建立的政权。党项族是羌族的一支，南北朝末期分布于今青海东南部黄河河曲一带，从事游牧。隋唐时，党项族活动范围扩大，唐朝政府封其首领为边州官吏，赐姓拓跋氏首领拓跋赤辞为李。宋初，党项势力日益壮大，党项领袖李继迁、李继捧联辽抗宋，继迁子德明向宋纳贡乞和，宋以德明为定难军节度使，封西平王；辽也封他为大夏国王。1038 年，德明子元昊称帝，国号大夏，又号白上国，汉籍则习称西夏，又有唐古、唐兀、河西、弭药等称。西夏版图“东尽黄河，西界玉门，南接萧关，北控大漠”，辖地非常辽阔。先后与辽、北宋及金、南宋鼎立。传 10 代，至 1227 年为蒙古所灭。

西夏的文化具有多元特点，其本民族文化有悠久的历史传承，西夏建国后党项文化得到留存和发展，但儒学文化强烈渗入西夏社会，使西夏文化的本质越益接近汉文化。同时，佛教文化在西夏长久不衰，吐蕃文化也得到了弘扬和发展。

一、文学艺术

1. 语言与文字

西夏文的创制。党项族本无文字，到元昊建国前后，倡导和支持创建文字。沈括《梦溪笔谈》说："景祐中……元昊嗣立……其徒遇乞，先创造蕃书，独居一楼上，累年方成，至是献之。元昊乃改元，制衣冠礼乐，下令国中悉用蕃书、胡礼，自称大夏。"此创制"蕃书"者，即野利仁荣。西夏的语言即党项羌语，属汉藏语系中的藏缅语族。有独特的语法结构，句子成分的排列顺序为主语、宾语、谓语。据有关专家考证，西夏语中没有鼻韵尾。读音也有平、上、去、入，是受中原汉语影响的结果。

西夏文字大约创制于西夏建国前后。它仿照汉字，"字形体方整，类八分，而画颇重复"。据统计，西夏文字有 6000 余个，多为会意字。字形结构由偏旁和部首组成，字体有楷、隶、篆、草等。基本笔画由点、横、竖、撇、捺、勾等构成，书写时一般比较平直。

西夏文字作为官方文字在西夏境内广泛使用。为了适应对外文字交往的需要，西夏政府设有蕃字（即西夏字）、汉字两院，蕃字院掌管与吐蕃、回鹘等地的往来文书，用西夏文书写，附以相应的民族文字。汉字院掌管与宋朝的往来文字，中间写汉字，旁边写西夏文。政府还设蕃学，培养西夏文人才。一批供学习西夏语言、文字的著作也因此问世，如《文海》《音同》《番汉合时掌中珠》《杂字》《五音切韵》等。其中以《音同》《番汉合时掌中珠》最为重要。

《文海》形成于12世纪20年代后，它是一部大典字书，也是西夏文字学的代表作。对西夏文的字形、音义等作了研究。《音同》成书于夏正德六年（1132年），是一部用西夏文编写的语音字典。共收集6100余字，依声母分作重唇、轻唇、舌头、舌上、牙、齿头、正齿、喉、流风等九类音，每类音又分出同音字若干小类。《番汉合时掌中珠》为西夏人骨勒茂才编撰于乾祐二十一年（1190年），是一部夏汉双译字典。全书依内容分为天、地、人3大类。每个西夏字前先用汉字注音，其后为该字的汉语意思，汉字旁则注有夏字的对音。所谓“掌中珠”，意为袖珍，即携带和使用方便。

汉藏文字的推行。西夏统治者大都通晓汉、藏文字。西夏曾译《孝经》《尔雅》《四字杂言》等童蒙课本为国书，以学习汉文化，又曾向宋朝求九经、唐书、《册府元龟》等书，供学者学习，后来斡道冲曾以西夏文写作《论语小义》和《周易卜筮断》等著作，可见许多党项人是通过研读儒学著作来学习汉文的。从西夏屡次向宋、金等国求购儒学书籍来看，党项人能直接阅读汉文典籍的人是不少的。为了推行儒学，西夏尊孔子为“文宣帝”，建立小学于“禁中”，建国学教贵族子弟，选名儒主讲。所以许多党项人善用汉文创作诗词。

党项地区长期为吐蕃所统治，所以吐蕃文化对党项人影响很大，藏文在党项地区流播甚广，通晓藏文者很多，例如西夏佛经多从藏文佛经翻译而来。

2. 文学与儒学

西夏文著作。西夏文创制后，为西夏文人的创作创造了条件。现存西夏文诗歌谚语等多仿汉籍、汉诗。这些西夏文著作大部分在20世纪初被俄国人从黑城遗址中掠走。其中《圣立文海》为西夏文刊本，乾祐十四年（1183年）刻印司刻印，为诗体格言集，内容广泛，仿汉诗形式。另有西夏文诗集残卷，约乾祐十六至十七年（1185—1186）刻印，用五言和七言韵律写成，如《颂师典》中有“羌汉弥人（即党项人）同母亲，地域相隔语始异；羌地高高遥西隅，边陲羌区有羌字”等。此外，写本“西夏宫廷诗”残页，存诗7首；写本《新集金碎掌直文》为五言诗，有1000字，类似汉籍《千字文》，可能是启蒙读物。

汉文著作。西夏境汉文著作有几类情况。一是在西夏的汉人著作。如投奔西夏的汉儒张元（原名源，字雷复，华州人）；吴昊（亦为关中人），两人累举进士不第，不得志，投奔西夏，官至“国相”。张元有咏雪诗：“七星仗剑揽天池，倒卷银河落地机。战退玉龙三百万，断鳞残甲满天飞。”另一位怀才不遇的汉儒姚嗣宗，曾题诗于崆峒山寺壁：“南粤干戈未息肩，五原金鼓又轰天。崆峒山叟笑无语，饱听松声春昼眠。”他们都怀着远大的抱负，效力于西夏。二是宋人（如宋词人柳永）的著作在西夏广泛流行。三是党项人用汉文进行创作，如崇宗在攻占府州（今山西府谷）时亲作《灵芝歌》，并与濮王仁忠相唱和。

儒学。元人虞集说：“夏人尝尊孔子为至圣文宣帝。”国中以礼事孔，极其尊崇，儒臣们早究典谟，“通经同文，教其国都”。将《论语》《孟子》《孝经》等儒家经典及汉文典籍《贞观政要》《十二国史》《类林》等译为西夏文，宰相斡道冲还著有《论语小义》《周易卜筮断》等书。西夏进士高智耀，夏亡隐居贺兰山，被元太宗所访得，他多次劝蒙古统治者要尊重儒生，要求蠲免儒生徭役。有一次元宪宗问他：“儒家何如巫医？”高智耀对曰：“儒以纲常治天下，岂方技所得比。”宪宗采纳了他的意见，蠲免了儒生的徭役。

西夏统治者十分重视教育。早在元昊建国时便立汉学与蕃学以造就人才。崇宗贞观元年（1101 年）置国学，以教授儒学为主。西夏也实行科举取士，其制仿唐、宋。

3. 艺术

绘画。西夏人酷爱绘画，品种很多，有壁画、卷轴画、册页画、屏障画、岩画等。

在甘肃敦煌莫高窟和安西榆林窟中，保存有不少的西夏壁画，题材和内容虽多与佛教有关，但也不乏现实的生活气息。壁画上的人物面容丰满、身材魁梧，充分显示了党项人剽悍尚武、粗犷豪爽的民族气质。即使是佛或菩萨等佛教诸神，也描绘得庄重大方、慈祥洒脱，将人性附于神性。许多壁画在构图上，以山水、祥云衬托人物，虚实疏密，错落有序，体现了佛界缥缈幽深的意境。特别是榆林窟的一幅《唐僧取经图》，将民间传说作为绘画的题材，第一次塑造了猴面人身、布衣麻鞋的孙行者形象。这一艺术形象运用现实主义与浪漫主义相结合的创造方法，增强了作品的艺术感染力。还有一些反映西夏社会的生产和生活的壁画，如《牛耕图》《锻铁图》《酿酒图》等，真实、形象地再现了劳动时的情景。近年来，在西夏的墓葬中，还出土了彩绘木版画，画面人物比例得当，形态各异，栩栩如生。西夏壁画进入繁荣期后，中原形式与藏传佛教表现形式共存，一方面发扬中原传统，充分运用线描艺术表现出对透视关系的精确理解；另一方面吸收藏传佛教绘画特点，构图紧凑，色彩绚丽，给西夏佛教艺术注入了活力。

卷轴画流行于宋代，是一种装裱好两端加轴可卷舒的画幅形式，质地以绢、布或纸为主。西夏绘画艺术表现形式从总体上来说与唐宋一脉相承，构图饱满、严谨、对称、均衡，人物造型完全属于汉族传统形象和模式，运用中国画传统线描手法，色彩清淡简约。宁夏贺兰县宏佛塔中发现的14幅绘画中，有7种属中原风格。由蒙黑水城（又称黑城）出土的300余幅绘画，已公布的60幅中，有18件属中原风格。藏族风格的卷轴画称“唐卡”，用彩缎织物装裱而成，构图紧凑，色彩绚丽，富有民族特色，线描细致有力，敷色浓艳。唐卡一般宽约60厘米、长约90厘米，画幅中心位置为一主尊像，然后把一段故事从左上角开始围绕主尊像，顺时针布满一周，形成一个完整的故事。现存唐卡画比中原风格画更多。此外，还有道教卷轴画和非宗教的卷轴画。

册页画为经文中的插页或单张画，大致分木刻版画、尊像、手绘图画和抹印画。其中现存木刻版画最多，约有134件，也分中原风格和西藏风格两大类。

手绘图画分宗教类、非宗教类，非宗教类现存《相面图》《山羊图》《鹿图》《打铁图》《酿酒图》《农耕图》等，富有生活气息。

西夏境内的贺兰山、阴山有着丰富的北方少数民族岩画，其中也有一部分为西夏岩画，其内容主要是西夏文题记和岩画图案。另有岩刻佛塔，多为西夏文题记。岩画中的不少为复合图案，画面中绘有动物、人物和其他内容，主要描述牧羊、狩猎等活动，线条粗犷，但动作逼真。

雕刻。西夏雕艺十分丰富，其种类有石雕、木雕、泥雕、陶瓷雕塑、金属雕像等。

雕塑作品也不乏精美之作，技艺手法上既承袭了唐宋风格，又融入了民族气息。以泥塑为例，人物塑像比例匀称，造型逼真，神态或端庄秀丽，或庄重严肃，或怒目狰狞，形象地刻画了人物的身份。甘州卧佛寺（今甘肃张掖大佛寺）中的释迦牟尼涅槃像，为木胎泥塑，身长 34.5 米，肩宽 7.5 米。造像体形魁梧，仪态庄严，姿势自然，不失为一件塑像杰作。黑水城附近的古庙彩塑，有 15 个较大的泥塑，人物衣冠秀美，仪态雍容，比例适度，服饰多样，面部表情生动。西夏王陵出土的石雕作品，刀法娴熟，手法夸张。其中有一件雕龙栏柱，采用凸雕的技法，刻画出两条龙于云雾中翻腾戏珠的形象。出土的石马，为通体圆雕，神态生动、逼真。竹雕艺术更为精美，西夏王陵 8 号陵碑亭遗址出土的一片只有 3 毫米厚的竹片上，雕有人物、松树、花卉、庭院、假山，布局结构合理，刻画细微传神，使人感受到安逸恬静的家居气氛。

二、宗教信仰和社会习俗

1. 宗教信仰

原始信仰。西夏建国前的党项族从自然崇拜发展到鬼神信仰，所信之神有天神、地神、富神、战神、大神、护羊神等，鬼有饿鬼、虚鬼、孤鬼、厉害鬼、杀死鬼等。对起守护作用的神十分崇信，给予供奉、祭祀、祷告；对有损害和威胁的鬼则驱逐或诅咒。

党项族在崇拜鬼神的同时，也崇尚巫术。对于“巫”，《文海》中有解释：“驱灾害鬼者用是也。”其方法是设一坑堑，把“鬼”送入坑中，同时在坑边咒骂，以达到消灾怯祸之目的。占卜是巫术的又一重要职能，为人们问凶吉，决疑难。所以占卜在党项族中占有很重要的地位，它不仅渗透到人们的日常生活，而且还关系到重大事件的决断，如军事作战是否进行，往往由占卜决定。西夏建国后受中原易卜影响，占卜扩大到买卖、求财、出行、牟利等商业活动。

佛教。西夏立国于西北地区，其周围宋朝、吐蕃、回鹘皆崇信佛教，因此佛教对党项人有一定影响。早在西夏建国前的大庆元年（1036 年），印度僧人善称一行 9 人到宋朝贡献梵经、佛骨及铜牙菩萨后，归途经过夏州，元昊把他们留于驿舍，元昊向善称一行求索贝叶经。元昊及其父亲德明，都曾遣使到宋朝的五台山敬佛供僧，他们父子两人皆通晓佛学，并都从宋朝请到过卷帙浩繁的《大藏经》，西夏建国前后至少 5 次向北宋购买佛经。西夏建国后，开始用西夏文翻译佛经，惠宗秉常时期，母后梁氏秉政，这一时期西夏文译经活动十分频繁，惠宗和梁氏甚至亲自译经。清末，俄国人在黑城劫走的西夏文物中，西夏文刊本和写本达8000种，其中佛经占80%。汉文译经在惠宗、仁宗时期最为活跃，惠宗时刻《般若多心经》《大方广佛华严经》等；仁宗时刻印汉文佛经最多，如《妙法莲华经》《注华严法界观门》《大方广佛华严经普贤行愿品》《佛说圣佛母般若波罗蜜多心经》《金刚般若波罗蜜经》等，西夏文佛经有《金刚般若波罗蜜经》等。西夏佛经雕刻十分发达，也带动了西夏刻版印刷的发展。

为了扩大佛教影响，西夏统治者在各地大兴佛寺，元昊在兴庆府（今宁夏银川）东建高台寺及诸佛塔，高数十丈，贮北宋所赐《大藏经》，延诸回鹘僧人译经文。毅宗谅祚时在兴庆府修承天寺，并与其母没藏氏常亲临听高僧演经。崇宗乾顺把凉州（今甘肃武威）护国寺感应塔大加修葺，又在甘州（今甘肃张掖）建崇庆寺和卧佛寺，至今留下了身躯宏伟的大卧佛。佛塔建筑比比皆是，如贺兰县拜寺口东西双塔，宏佛塔、方塔、北寺塔群，青铜峡一百零八塔，同心康济寺塔，银川的承天寺塔等。西夏统治者给佛寺大量拨款，所以寺院田户、房产都很充足。

藏传佛教也在西夏盛行。仁宗天盛十一年（1159年），西藏迦玛迦举派初祖法王都松钦巴建粗布寺，仁宗遣使入藏奉迎，松钦巴派大弟子格西藏琐布带佛经像随使者到西夏，仁宗尊礼藏琐布为上师，并组织人力大规模翻译佛经，现存《佛说宝雨经》西夏文译本即当时据藏文译本重新加以校订的。该教派成员一直在西夏宫廷充任教师，并被封为国师，专门传授西藏密法经义和轨仪，地位尊贵。西夏文佛经数量很大。

西夏对佛教进行了有效的管理，在政府中设有和尚功德司、出家功德司等机构。

道教。中国土生土长的道教在西夏也广为传播。近年来，随着黑城出土文物的公布和西夏著作的汉译出版，对这一问题的研究日益清晰起来。

学者们最早从李焘《续资治通鉴长编》中注意到元昊的长子宁明随定仙山道士路修篁学“辟谷法”（不吃谷类以求成仙）而死的事实，又注意到大安七年（1080 年）宋军大举进攻西夏的西平府（灵州）时，《续资治通鉴长编》中有“灵州城中惟僧道数百人”的记载，于是断定道教信仰在西夏是存在的。这一问题的研究，随着新史料的发现，取得了长足的进步。在道教管理方面，西夏官府有严格的管理办法，设道士功德司专门管辖，对道士出家、注册、刑罚、租税、赐衣等都有明确规定。道教经典随着黑城文书的公布，也渐为人知，现知黑城出土的道教文献有 3 种：《南华真经》（即《庄子》，晋人郭象注本）、《吕观文进庄子义》（宋人吕惠卿《庄子解》）、《太上洞玄灵宝天尊说救苦经》（道教经文）。另有医书、历书、占卜书的残卷，如《千金方》等多种。西夏文道教经籍见于《天盛改旧新定律令》，有 13 种。西夏绘画中的道教内容很丰富，最典型的是《玄武大帝图》《十大天尊图》等，保存于黑城出土文物和宏佛塔绘画中。西夏道教具有本土化特点，道教术语夏汉互译，西夏人对道教的理解也有自己的侧重点。

2. 社会习俗

服饰。党项人的传统衣着服饰与畜牧业生产有直接的关系，主要有毡帽、皮衣或毛织布衣、皮靴、革带等，腰带上多挂有小刀等物。

西夏建立时，元昊曾对臣民的发式和服饰作过规定。首先颁布秃发令，令国人于3日内秃发完毕，否则即予处死。一时间，“民争秃发，耳垂重环”，即剃去头部顶端的头发，留下四周一圈的头发。此后这就成为西夏人髡发的基本发式。对服饰的规定是：文官幞头，着紫衣或绯衣，穿靴；武官戴冠，衣紫旋襕，腰间束带；平民只准穿青、绿色的衣服。这种仿“大汉衣冠”的服饰，一改“衣皮衣”的旧俗。西夏壁画中的人物穿着，大多是团花锦袍和绣花长袍，庶民则着朴素的衫、裤。

服饰的汉化，多受中原地区的影响。夏、宋“庆历和议”中即规定，北宋每年向西夏输绢13万匹；此外，宋廷每年还要“赐”冬服及绢、锦、绮、绫等丝织品给西夏。西夏王陵就曾出土有丝织品残片。西夏统治者对中原文化极感兴趣，因此穿汉服也成为效仿的一种方式，进而又成为汉化改革的措施之一。因而，西夏的服饰随着社会的发展和进步，愈发丰富多彩。

婚丧。党项族内部流行收继婚制。即丈夫死后，妻子只能在夫家内部转嫁。允许娶庶母、伯叔母、兄嫂、子弟妇，但不娶同姓。不过西夏社会毕竟受封建礼教的影响较小，民风质朴，男女相爱也比较自由，媒妁不太盛行，男女暗有期会，家长并不过问。富裕家庭的男性可以娶众多妇女，实行一夫多妻制。

党项人因生活环境恶劣，条件艰苦，故身体锻炼得很强健，所以史书多称其长寿，党项人普遍长寿是可信的。党项人的丧俗十分奇特，“人年八十以上死者，以为令终，亲戚不哭；少而死者则云大枉，共悲哭之”。党项人死后习惯于火葬。受汉族文化影响，统治阶级则大兴土葬，建立了仿唐、宋的陵寝制度。皇帝死后，有庙号、谥号，有的还有墓号。现存西夏王陵的九座帝陵，据推测即为这九位皇帝的陵墓。每座陵墓规模宏大，布局严谨，显示出至尊无上的威严。

民俗。党项人生性豪爽，尚武，打猎是他们喜爱的一项娱乐活动。元昊在每次用兵前，都要先召集部落首领们一起围猎，然后围坐一起，边分享猎物边议事，以此保持族人勇猛敢斗的风格。打猎时经常使用鹰、鹘等猎禽，驯养的猎禽还常贡献给宋、辽皇帝。

党项人旧俗，凡患病则请巫师驱鬼，或将病人移入另一屋内，以图避灾，谓之“闪病”。西夏政权建立后，随着与内地交往的日渐密切，《千金方》《神农本草经》等汉族医药书籍传入境内。1971 年，甘肃武威曾出土了西夏文药方。但因医疗水平不高，西夏统治者只得经常向邻国求医。这也反映了党项传统陋习随社会的发展在逐渐改变。

党项人“尤重复仇。若仇人未得，必蓬头垢面，跣足蔬食，要斩仇人而后复常”。但遇凶丧之事，则停止复仇。若“不能复者，集邻族妇人，烹牛羊，具酒食，介而趋仇家，纵火焚之”。这是因为党项人视与妇人交手不吉利。怨仇和解时，双方要将鸡、狗血掺入酒中，倒入骷髅共饮，并发誓：“若复报仇，谷麦不收，男女秃癞，六畜死，蛇入帐。”党项人虽有复仇之习，但更突出的还是团结互助、坦诚质朴、重情讲义的风尚。

三、科学技术

1. 天文历法

党项羌原居于西南的四川北部、西藏的东部、青海的东南部，他们在日常生活劳动中掌握了最早的天文知识，同时因与吐蕃、吐谷浑通婚，又向隋王朝进贡方物，所以外界的天文知识也传入党项。

党项北迁后，臣服于唐王朝，唐朝每年向党项颁布历法。西夏建国后，文献中已有从事天文事业的专职人员，如“占者”“术者”“司天”“日者”“占星”等，由此可见，当时从事天文历法的人已有较细的分工。也有可能当时西夏政府中已设立相应的机构，如司天监、大恒历院和史卜院等机构，为西夏独立进行天文、历法的研制奠定了基础。

根据《番汉合时掌中珠》，西夏人的天象知识在不断提高。例如对天体的知识，他们从中原天文传统中得知天体中有十一曜、二十八宿、丛辰、五神、十二宫以及某些星座、天河等。

西夏在建国前使用宋历，元昊建国后便自制历法。西夏历法以十二个月为一年，以十二月为岁首，与宋历和藏历都不同。二十四节气的配置与中原传统用法完全相同。对干支纪年，则有其独到之处，如“苗”字代表“甲”字，以“稼”字代表“乙”字，以“火”字代表“丙”字，可见其使用干支还包含了为农业生产和人民生活服务的内容。

2. 医药

西夏建立后很重视医药卫生事业的发展，专设“医人院”，属三等司，有较高的地位。在《天盛律令》也有对医生、药物治疗不当的处罚规定。

迄今发现的西夏医书、医方有《治疗恶疮要论》《千金方》等，其治病的药物有“紫菀丸”及其配方、服用法，医马病的医方和治伤寒的药方等。《治疗恶疮要论》是一本专治癞疮病的专著，因夏人患此病者甚众，故治疗技术有其独到之处；西夏人已经掌握了中原治疗伤寒的药方，有汤药、丸药；西夏人因多以放牧为生，故在兽医治疗上也掌握许多科学的方法，如专治马蹄疮、牛疮、鼻疮的各种药材，均有良好的疗效。

西夏出产药材，如蜜蜡、麝脐、毛褐、羱羚角、硇砂、柴胡、苁蓉、红花、翎毛……并输到中原和其他邻近地区。

3. 建筑

西夏的建筑形式别具一格，它吸收了秦汉开始一直到当时，尤其唐宋时期的建筑风格，同时又受到佛教建筑的影响，使中原汉文化、佛教文化和西夏文化三者有机地结合在一起。

寺院建筑是现存西夏建筑的重要部分，其建造力求宏丽。以佛塔为例，银川承天寺塔，建于毅宗谅祚（1049—1066）时，高 11 层，至今仍挺立于银川市区，依然秀丽多姿。又如天祐民安五年（1094 年）所重建的凉州护国寺感应塔，据重建碑记，该寺重修时“百工效技，圬（涂抹）者缋（绘）者，是墁（铺地面）是饰，丹雘（颜料）具设，金碧相同，辉耀日月，焕然如新，丽矣壮矣，莫能名状”。可见当时建筑技术之高。

帝陵建筑也是今天尚能见到的建筑遗址。西夏皇陵坐落于银川西贺兰山东麓，西夏历代帝王都埋葬于此，还有大约70多座陪葬墓分布于附近。每座皇陵都自成体系，陵园坐北朝南，呈纵向长方形，由角台、阙台、神道、碑亭、神城、角楼、月城、献殿、陵台等单体建筑组成独立完整的建筑群体。西夏陵园也有其独特之处，陵园外廓形制为重城长方形，与宋陵正方形不同；其地宫呈窟窿土洞，墓式地面铺砖，墙壁置有护墙板，也与宋陵不同。

从西夏陵园出土的陶瓷砖瓦来看，西夏的陶瓷器烧制技术达到很高的水平。陵园遗留和出土的砖有条砖、方砖两种。瓦分板片和筒瓦，琉璃瓦有深蓝和深绿色两种。瓦当为圆形，兽面外饰圆点纹，滴水呈三角形，饰兽面或花卉。鸱吻有绿琉璃和青灰两种。龙头和兽头脊饰，都有琉璃和青灰两种。由此可见，当时西夏的陶瓷制砖技术相当高明，而且艺术含量也很高。

第三章　金代文化

金是女真族建立的王朝。女真族原居黑龙江流域，历史上有肃慎、勿吉、靺鞨等称号，辽人和宋人称他们为“女直”或“女真”。生活在辽阳一带的女真部落，逐渐接受汉文化，被编入辽朝户籍，称为“熟女真”；松花江以北宁江以东的女真各部，称为“生女真”。大约在辽兴宗时，活动在安出虎水一带的女真完颜部逐步强大，组成部落联盟。辽天庆五年（1115 年）完颜阿骨打建立大金国，建都会宁府（今黑龙江阿城南），后海陵王完颜亮迁都燕京（今北京）。1234 年，蒙古与南宋联军灭金。

金朝建国后，很快就占领了辽和北宋统治下的华北和中原地区，并较快地接受了汉文化，虽创制了女真文字，但逐步通用汉语。金代文化虽保留了女真族的某些文化传统，但基本上是继承辽、宋的汉族文化。其统治区内仍以汉人居多，女真人也多学习汉文化，故各族人民创造了富有多民族特色的金代文化。

一、文学艺术

1. 文学

女真文字。金朝建立后，太祖命完颜希尹和叶鲁创制文字，天辅三年（1119 年）颁行，称女真大字。熙宗天眷元年（1138 年）颁布笔画简易的新字，称女真小字。女真文字的结构由汉字一、丨、丿、乚、丶等笔画组成，呈方块形。金朝政府选拔各路女真幼童学习女真文字，然后以他们为教授，教女真人学习女真文字，使女真文广为流传。金世宗时还取女真策论进士，使女真文字得到提倡。金朝又用女真文翻译《史记》《汉书》《尚书》《论语》等经史著作。现在传世的女真文字有文献、金石、墨迹三种，但女真文写的著作和译作已经失传。

金朝通用女真文、契丹文和汉文。皇室贵族崇尚和积极学习汉文化，世宗、海陵王、章宗及一批贵族能诗善画，著述多用汉文。

文学。金代文学创作十分繁荣，散文、诗词风格多继承北宋，主要代表人物有蔡松年、党怀英、赵沨、赵秉文、王若虚、元好问等。

金代早期词人蔡松年（1107—1159），字伯坚，冀州真定（今河北正定）人，官至尚书左丞相。他是金初著名词人，精于乐府，文辞清丽，元好问称："百年以来，乐府推伯坚与吴彦高，号吴、蔡体。"蔡有词集《明秀集》。

赵秉文（1159—1232），字周臣，号闲闲老人，磁州滏阳（今属河北）人。大定进士，累官至礼部尚书。他是当时北方文学的宗主，为文尚欧阳修、苏轼，主张平易，多用古语；为诗专法唐人。有《滏水集》30卷。与赵秉文同时代的李纯甫（1177—1223，一说1185—约1231），字之纯，弘州襄阴（今河北阳原）人。为文法庄周、左丘明，喜创新出奇，诗则放恣。二人文风不同，各有所长。

王若虚（1174—1243），字从之，藁城（今属河北）人。其文风近赵秉文，主张文字平淡，讲究造字用词，宗苏轼。他的贡献在于初步建立了文法学和修辞学。著有《滹南遗老集》等。

元好问（1190—1257），字裕字，号遗山，太原秀容（今山西忻州）人。他是金代最有成就的诗人。金末战乱，元好问目睹社会残破、金廷腐败情景，又有亡国之切痛，故诗作多为记事之作，被称为"丧乱诗"。清人赵翼《瓯北诗话》称元好问的诗："感时触事，声泪俱下，千载后犹使读者低徊不能置。盖事关家国，尤易感人"。元好问五言诗风格高古沉郁，七言乐府不用古题，对诗词理论也有独到见解。元好问著有《杜诗学》1卷、《东坡诗集》2卷、《诗文自警》10卷，辑金代诗人250余人的诗作，各系作者小传，为《中州集》。河东诗人以元好问为宗，形成河汾诗派。

女真贵族中也有不少人学作汉诗，如海陵王完颜亮、金章宗完颜璟等都善诗，其余有完颜允成、完颜勖、褥盌温敦兀带等人。

2. 艺术

北曲。北宋流行的“说话”和“诸宫调”等说唱艺术，到金代更为盛行。诸宫调是一种有说有唱并以唱为主的文艺形式，唱的部分是连缀多种宫调的曲子成套演唱，所以称为诸宫调。今存金人诸宫调仅有无名氏《刘知远》和董解元《西厢记》两种。董解元（“解元”是当时读书人的泛称），章宗时人。《西厢记》的故事源出唐元稹的《莺莺传》，但董《西厢记》加以改编，并赋予反对封建礼教的积极内容。董《西厢记》诸宫调达到相当成熟的境界，故被称为“北曲之祖”，为元代王实甫改编杂剧《西厢记》奠定了基础。

金代创造了“院本”，即金代杂剧形式的戏剧。在山西侯马市郊董姓墓中，墓室后壁上端有砖砌的戏台一座，可见当时戏剧演出已很盛行。

绘画。金代书画继承北宋风格，宫廷亦收藏历代书画名品，设画院，征聘画师作画。章宗时由书画家王庭筠主持画院。王庭筠（1156—1202），字子端，号黄华山主、黄华老人，辰州熊岳人。师承苏轼、米芾，长于山水、墨竹、古木，尤善草书，“论者谓胸次不在米元章（即米芾）下”。子曼庆，亦能画墨竹、山水。画家任询，字君谟，号南麓、龙岩，易州（今属河北）人。兼长书画，论者以为“草书入能品，山水亦佳”，时人称他“画高于书，书高于诗，诗高于文”。杨邦基（？—1181），字德懋，号息轩，华阴（今属陕西）人，画山水学李成，善画人物兼马。李早，金章宗明昌年间（1190—1195）曾供奉内廷，他是金代最著名的鞍马画家，作品有反映女真人放牧、狩猎生活的《蕃马图》和《寒林猎骑图卷》。金代画家的作品存世的极少，今存张禹的《文姬归汉图》即为精品，墨笔淡设色，所画蔡文姬归汉行旅于漠北大风沙中情景，生动逼真。女真人亦有精于画者，海陵王能画竹，显宗允恭能画獐鹿、人物。

壁画和雕塑。金代壁画艺术达到很高水平。今山西朔县崇福寺弥陀殿的金代壁画，规模宏伟，画艺精湛。今山西繁峙县岩上寺四周壁画为佛祖释迦牟尼一生事迹，形象庄严。辽宁辽阳金代墓葬壁画，人物栩栩如生，十分生动。

金代最著名的雕塑为山西朔州崇福寺弥陀殿“弥陀佛”塑像，高 9 米，身后背光高 14 米，图案呈草叶纹，边沿为焰光，浮塑的 13 尊伎乐姿态各异、凌空欲飞。该殿大约建于金熙宗时。在伊春金山屯出土的舞乐浮雕石幢，呈柱状 8 面体，每面皆有人物浮雕，有的翩翩起舞，有的击鼓奏乐，有的吹笙弄箫，雕刻精巧，歌舞场面精彩。

书法。金代书法成就很大，书法家们兼收并采唐、宋以来书法传统，涌现了一大批书法家，如王竞、赵沨、党怀英、任询、吴激等。

王竞（？—1164），字无竞，彰德（今河南安阳）人。博学能文，善草隶书，工大字，当时两都宫殿榜题皆出于其书。

吴激（？—1142），字彦高，建州（今福建建瓯）人。为北宋著名书画家米芾之婿，“工诗能文，字画俊逸得芾笔意”。有《东山集》。奉宋之命出使金国，被留金不遣返。

画家任询也是书法家。其书法集众家之长而自成一格。元人王恽称其字在颜（真卿）、坡（苏轼）之间。

党怀英（1134—1211），字世杰，号竹溪，泰安（今属山东）人。累官至翰林学士。书工篆籀，赵秉文评论党怀英篆、籀、正书“皆当为本朝第一”。小篆与赵沨齐名，时人称“党、赵”。

赵沨，字文孺，号黄山，东平（今属山东）人，官至礼部郎中。工书法，正书体兼颜、苏，行草备诸家体。有《黄山集》。

王庭筠也是金代著名书法家，其书法学米元章，深得米芾书法之精髓，豪放雄健，变化自如。金末，赵秉文也是著名书法家。

金朝皇帝中以金章宗书法最著名，其书学宋徽宗瘦金体，今存其所书《女史箴图卷·跋》传世。

音乐、舞蹈。金代音乐、舞蹈具有女真人本身的特点，夺取北宋汴京后，又将大批宋代艺人和乐器、乐书、乐章劫往金国，建立宫廷音乐。

女真人喜好音乐、舞蹈，早期的女真音乐具有朴素、自然的民歌特色，如自编自唱的自度歌，就是即兴所唱的歌曲，遇有事端则作歌自唱，表达唱者的情感。女孩子到婚嫁年龄，常行歌于途，借歌求偶；萨满在跳神时也是边歌边舞，君臣宴欢，酒酣耳热之时也常同歌共舞。女真早期的歌曲仅有《鹧鸪曲》，乐器仅有鼓笛。占领汉地后，吸收了不少北宋曲调与乐器，腰鼓、芦管、笛、琵琶、方响、筝、笙、箜篌、大鼓、拍板等皆用于女真音乐。

金朝的宫廷音乐有雅乐、散乐、鼓吹乐、本曲等。雅乐用于祭祀、皇帝即位、册命太子太孙、接受外国使节朝贺等重大仪式，其所用乐章、乐曲、乐器与宋朝基本相同。散乐用于元日、圣诞贺及宴请外国使臣等，由教坊演奏。鼓吹乐是马上乐，皇帝出行时由仪仗队演奏，乐谱参照辽、宋的鼓吹乐谱。本曲即本朝乐曲，即女真民歌，金世宗为不使女真人忘记本族，亲自制曲歌唱，世宗返回故乡时，与宗室群臣故老同歌共舞，所唱本曲被译成汉文保存在《金史·乐志》中。

女真人的发展过程中，素善舞蹈。“臻蓬蓬歌”是辽金之际流行于燕山一带的舞蹈，每扣鼓和臻蓬蓬的音节而起舞，人皆闻声而起舞。镜舞与萨满跳神有关，常有五六个妇女面涂丹粉、身着艳丽服装，各拿两面镜子起舞，镜光闪烁如雷电一般。宫廷舞蹈有文、武两种，文曰“仁丰道洽之舞”，武曰“功成治定之舞”，后分别改为“保大定功之舞”“万国来同之舞”。

二、儒学、史学与宗教信仰

1. 儒学

儒学的传播。女真族初起之时，流行原始、朴素的天命观。女真人占领中原后，开始接触儒家文化，逐渐意识到儒家思想的重要性，其中金熙宗完颜亶起了重要作用。他自幼随韩昉学儒家经典的礼仪。他在上京立孔庙亲自拜谒，又封孔子后裔为衍圣公，北方的许多女真贵族子弟纷纷学习儒学。海陵王完颜亮以张用直为师，大力推广儒家思想。金世宗完颜雍时，重修孔墓，立“宣圣庙碑”，尊孔读经蔚然成风，并用女真文字译汉儒的经史书籍。金章宗完颜璟时，扩建孔庙，命各州县皆立孔庙祭拜。由于金朝统治者大力提倡儒学，儒学在社会上广为传播，儒家的治国思想、伦理道德在哲学思想中占了统治地位。

金代推广儒学的重要手段是从教育入手，实行科举制度。在教育方面，以唐、宋制度为楷模，在京师设国子学和太学，为汉人入学的最高学府；地方则设府学、州学；乡村则为私塾教馆。金朝统治者还大力兴办女真学校，早在太宗时即设女真学校，教育儿童学习女真文字。金世宗大定十三年（1173 年）开设女真国子学，诸路设女真府学，以新进士为教授，以女真著名学者温迪罕缔达为师，教学生以古文，作诗、策。金朝选拔人才也以科举为主，早在金初为解决人才稀缺问题，即对汉人实行科举取士。到世宗、章宗时，科举制度日益完善，并开始对女真人实行策论选士。汉人科举，科目有词赋、经义、策试、律科、经童等。“凡词赋进士，试赋、诗、策论各一道；经义进士，试所治一经义、策论各一道”。女真人科举，原来只考策论，世宗时提出增加儒家五经的考试，但由于五经尚未全部译成女真文字，故改为由五经中出论题，这对于指引女真文人学习儒学起了推动作用。

理学和理学家。北宋之后，“二程”学说的残支余脉仍然存在，南宋朱熹之学也零星北传。金末在北方的程颐的续传弟子有刘肃、张特立、李简等人。但传习伊洛之学的人不少，霸州杜时升在嵩、洛山中讲授“二程”理学；易州麻九畴传授邵雍之学；真定王若虚、泽州李俊民、磁州赵秉文、浑源刘从益等也都是理学的宣传者。

金代儒学的代表人物应是赵秉文。他的儒学著作主要有《易丛说》10卷，《中庸说》1卷，《扬子发微》1卷，《太玄笺赞》6卷，《文中子类说》1卷，《论语》《孟子解》各10卷。赵秉文认为“道”是万物之源，因而他大力提倡仁、诚、中庸等说，认为“道”能育天地万物，而“道”的产生根源则在心，也就是人的思想。他在论说世界本源、讲求天道之学时，明显地受到了“二程”理学的影响，因而他的哲学思想实际上是北宋理学流派在北方的继承和发展，不过赵秉文更倾向于主观唯心主义。

2. 史学

官修史学。女真初无文字，其先祖之事皆无记载。天会六年（1128年），太宗命耶律迪越求访祖宗遗事，以备国史。其后完颜勖开始编写女真历史，于皇统元年（1141年）修成《祖宗实录》，自始祖以下十帝，皆摭拾史料，加以记载。皇流八年，成《太祖实录》20卷。他还完成《女直郡望姓氏谱》，着重区分女真姓氏，贡献很大。其后，金设立国史院，置监修国史、同修国史、编修官、检阅官等职，一时修史机构齐备。世宗时，纥石烈良弼等主持修撰了《太宗实录》和《睿宗实录》，完颜守道主修《熙宗实录》，《海陵实录》虽未定稿，也基本完备。章宗时完颜匡主修《世宗实录》，宣宗时修成《章宗实录》，同时卫王事迹亦纂集成书。金亡后，实录为蒙古万户张柔所得，后来王鹗据此撰成《金史》稿。

金朝继承我国官修史书传统，曾多次组织力量撰写《辽史》。熙宗皇统八年（1148 年），萧永祺曾在耶律固修史基础上编修《辽史》75 卷。章宗时命移剌履、移剌益、赵沨、党怀英等修《辽史》，未完成，改命陈大任专修，泰和七年（1207 年）书成。陈大任《辽史》是元修《辽史》的重要依据。

元好问、刘祁等的著作。除国修史书外，金代还有不少私人史著，其中最有价值的有元好问的《壬辰杂编》和刘祁的《归潜志》。

元好问是金朝的一代文宗，不仅精于诗文，也是一位史家。金亡后，元好问退隐不仕，致力于搜集、编纂金代史料。他在太原秀容（今山西忻州）韩岩村乡居构筑野史亭，以史笔自任，著有史著《金源君臣言行录》《壬辰杂编》等。《壬辰杂编》记事始于哀宗天兴元年（1232 年），多记金末丧乱史事和金末人物及社会状况。此书未曾刊印，但元朝翰林国史院藏有此书，所以元末脱脱修辽、金、宋三史时，负责《金史》的史官便着意剪裁采用。此书清代尚有抄本，今已亡佚。

刘祁（1203—1250），字京叔，号神川遁士，浑源（今属山西）人。他从八岁起，随祖、父游宦于南京（今开封），结识了不少名官显宦和文人学士。金末，他被蒙古军包围于汴京（今开封），后历尽艰辛，由河南、山东，辗转两千里回到故乡。他有感于往昔交游者皆一代伟人，其所闻所见不可湮没，遂作《归潜志》。该书第1至第6卷为金末诸人小传；第7至第10卷为杂记遗事；第11卷为《录大梁事》，记哀宗亡国始末；第12卷为《录崔立碑事》，记崔立之乱时廷臣为之立碑等；又一篇为《辨亡》，记金朝兴亡缘故；第13卷为杂说；第14卷为诗文。此书为研究金代特别是金末亡国的珍贵史书。元末修《金史》，很多材料取自《归潜志》。

金代史家对传统的正闰观提出了批评。赵秉文认为王室与列国、华与夷、中国与四夷的关系都是可变的，凡有公天下之心均称“汉”。王若虚认为不能以宋代表中国，统一要讲“曲直之理”，他批评欧阳修不讲曲直的统一，是“曲媚本朝，妄饰主阙”。元好问《中州集》把各地区、各民族诗人均视为中州人物，就是包括各民族在内的中华思想的具体反映。

3. 宗教信仰

萨满教与佛教。女真人信奉萨满教，他们认为萨满可以为人求生儿女、消除百病，或者使人遭灾致祸。萨满是神的代言人，因而在祭祀祖宗、社稷、风雨雷师、岳镇海渎，以及皇帝即位、受尊号、纳后、册命、巡狩、征伐等举行奏告祖宗天地的仪式中，都有萨满参加或担任司仪。

女真进入辽境后，信奉佛教逐渐普遍，帝王贵族中信佛的也不乏其人。熙宗与皇后就曾亲到佛寺焚香，为其子济安祈求病愈；世宗的母亲贞懿皇后是佛教信徒，晚年在辽阳削发为尼，号通慧圆明大师。章宗时曾下令印刷《无量寿经》。佛教经典的雕印为数不少。

南宋使臣洪皓曾出使金国，据其所著《松漠纪闻》，金朝上自皇帝皇后，下至大臣贵戚，多对佛及僧人礼拜，“帝后见像设，皆梵拜；公卿诣寺，则僧坐上座”。燕京寺庙众多，大者三十有六，南方僧人有到北方来者，又立禅院。有严格的僧官制度，等级森严。寺院出现了地主，如延寿院主就拥有质坊（当铺）28所。

道教。道教是中国的传统宗教，产生于东汉中期。唐宋以来，道教日益发展，不仅受皇帝大臣扶持，而且深入下层，为广大民众所信仰，甚至辽和西夏也有道教传播。金代道教盛行，以大道、太一、全真三大新教派势力最大。大道教派金初由刘德仁创建，德仁号无忧子，沧州乐陵（今属山东）人，自称得“玄妙道诀”，以召神劾鬼之术为人治病，信徒颇众。该教派以《道德经》为宗旨，汲取儒、释思想，“力耕作，治庐舍，联络表树，以相保守”，是在当时特定形势下，北宋遗民的一种自保自治组织。

太一教，又称太一道，创于熙宗天眷年间（1138—1140），创始人萧抱珍，人称一悟真人，卫郡（今河南汲县）人。该教派以老子思想为教旨，认为柔弱是道的真义。皇统八年（1148年），萧抱珍被熙宗召至宫廷问道，受到礼遇，赐庵为太一万寿观。二代度师萧道熙（重明真人）住天长观，被世宗召入宫中问道，深受宠赐，因而该教在金朝影响很大。大定年间，太一教徒增至数万人，也有女真人入教者。第三代传入王志冲被金帝赐号为“元通天师”，自号元朴子。

全真教派创立较晚，但在金元之际流行极广。创始人王喆，咸阳（今属陕西）人，号重阳子。大定七年（1167年）赴山东宁海（今牟平）传道，为当地豪富马钰、孙不二夫妇筑全真庵，遂形成全真道，传弟子马钰（丹阳子）、谭处端（长真子）、丘处机（长春子）、刘处玄（长生子）、王处一（玉阳子）、郝大通（广宁子）和孙不二（清静散人）等七人，号“七真”。全真道主张修身养性，除情去欲，克己忍辱，摈弃一切物欲忿争，即可返其真元；以《道德经》等为经典，杂糅儒、佛。全真道也受到金朝皇帝的重视，世宗刻意拉拢该教头目，以稳定社会秩序。大定二十八年（1188年），世宗召王处一、丘处机至京师，命丘处机主持万寿节醮事，并予寿安宫长松岛讲论道法，令其居住于官庵，塑所奉纯阳、重阳、丹阳三法师以供祀。章宗于承安二年（1197年）召见王处一，赐号体元大师，给修真观一所。又召刘处玄至京，命待诏天长观。

三、科学技术

1. 天文、历法、数学

天文学。金朝建立后，因袭前朝制度设立司天台，用以观察天象，其目的是占卜统治政权的凶吉，用以“明天道，验人事”，所以对天象、地震、星变、日珥等皆有详细记录。

司天台所用仪器为金灭北宋时由汴京运到中都，但多有损坏，唯浑天仪尚存。司天监也曾制作过莲花、星丸二漏进献，以做计时之用。

金代历法有很大进步。天会五年（1127 年）灭北宋后，即命司天监杨级修《大明历》。杨级在宋《纪元历》的基础上重新推算，加以增损，十五年（1137 年）历成并颁行。大定十七年（1177 年），又命司天监赵和微重修，他用几何方法预测日食、月食，二十一年新历修成。此历直至蒙古初年仍用之。

数学。在数学方面，金代取得了相当高的成就。天元术是我国古代数学中建立和求解代数方程的方法。最早出现于 11 世纪末。蒋周著《益古》一书，记录了当时流行的数学公式天元术，以元为未知数，立式求解。金末著名数学家李治著《测圆海镜》12 卷，书中用天元术解决与勾股容圆有关的170个问题；另有《益古演段》3卷，是一部有关天元术的入门书籍。

另有杨云翼，他著有《勾股机要》《象数杂说》等。麻九畴对数学也有研究，喜卜筮、射覆之术。

2. 医学

医疗机构。金代医学有官府设医和民间医生两类。官府机构有尚药局，职掌汤药茶果；太医院，职掌诸医药；御药院，职掌进御汤药；惠民局，职掌民间医疗事务。金朝政府在各地设立专门培养医生的医学学校，大兴府有学生30人，其余京府各有学生20人，散府节镇各有学生16人，各防御州10人。医学凡10科，每月对学生试问疑难，奖优罚劣。每3年一试于诸太医，以听试补。

民间医生相当普遍，一些知识分子科举不得志，多有转而从医；有的不愿参加科举，为道为僧，如全真道七真人之一的马钰，就精通针灸，具有丰富的实践经验。金代百年统治期间，社会时有动荡，人民生活水平低下，疾病众多，缺医少药，对民间医生十分倚重，民间医生在实践中积累了丰富的经验，医学理论不断总结创新，出现了许多名医。如海陵王统治时，疾疫流行，洺州人李庆嗣以药和米分济平民，受益者甚众。他年少时科举不第，弃而从医，著有《伤寒纂类》《伤寒论》《针经》等医书。

医学家。金代著名医学家有刘完素、张从正、麻九畴等。

刘完素，字守真，号通元处士，河间人。他提倡运气说，以运气学说研究《素问》后，撰成《图解素问要旨》8卷；又著《素问玄机原病式》1卷，详细论述五运六气盛衰胜复之理。主张用寒凉药剂治病，故其学说称“寒凉派”，又称“河间学派”。弟子有罗知悌等。

张从正，字子和，睢州考城人。学说上推崇刘完素，也多用寒凉药剂。所创“张子和下吐法”颇有疗效。故其学说称“攻下法”。弟子麻九畴尽得其传，与张从正合著《儒门事亲》《六门二法》等。

河北易州人张元素，是易水学派的创始人。该学派以脏腑症候的病机和治疗为研究课题，有相当系统的理论，创立了“脏腑辩证说”和“遣药制方论”。他的学生李杲对伤寒的病理和治疗贡献突出。

窦汉卿是金代著名的针灸医生。他初名杰，字汉卿，入元后改名默，字子声。他从李浩学铜人针法，医术很高，著有《针经标幽赋》《流注能要赋》等，前者阐发针灸的经络脏腑、气血的关系，针灸取穴手法等，后者着重针灸中的肘膝下的诸穴选取方法。

刘完素、张从正与元代医学家李杲、朱震亨，并称为“金元四大家”。

3. 建筑业及火药使用

建筑。金代的建筑技术达到很高水平。在都市建筑方面，以宫殿建筑最具代表，如中都、南京的宫殿极为华丽，金碧辉煌。寺观佛塔建筑也体现了金代建筑的水平。今存辽宁兴城白塔峪有金代玲珑塔一座，为八角九层实心密檐式砖塔，塔高 43 米，塔座为仰莲式，八角中四面有砖雕佛像，置佛龛中；另四面为砖碑，刻佛家语，碑左右各立一僧人，上部有飞天，砖雕技术精美。

桥梁建筑方面，中都卢沟桥堪称杰作。明昌三年（1192 年）桥成，敕名广利桥。该桥长 260 米、宽 7.5 米，至今虽经历代修理补配，但桥基、桥身及雕刻仍为金代原物。1975 年，曾进行载重科学测试，最后通过 429 吨大型平板车，运行良好。卢沟桥的建筑，充分显示了我国古代劳动人民在石桥建筑方面的智慧和创造力。此外，章宗时所建磁州石桥，前后费时 40 年，工程浩大，工艺精细，显示了造桥技术之高超。

火药的使用。金军攻入北宋都城汴京时尚不能使用火箭火炮。灭北宋后，在北宋火器制造技术的基础上做了改进，取得了明显的进步。金人改进的火器主要有震天雷、飞火枪等。

所谓震天雷，是用铁罐内装满火药，用火点之，则炮起火发，发出震雷之声，其引爆之声百里之外能听到，其杀伤能力方圆在半亩之上，火力极猛，能穿透铁甲。1233年蒙古军围攻汴京时，挖掘地道，用牛皮洞保护，直达城下，金军用铁绳悬震天雷，顺城而下，至地道口爆炸，人与牛皮皆被炸得粉碎。

所谓飞火枪，其状为筒形，火药灌入筒内，点燃后喷火而出，能射出十余步远。蒙古军就怕这两种武器。这说明金代火药使用有了很大提高。故金朝末代皇帝哀宗完颜守绪无可奈何地说："北兵所以常取金胜者，恃北方之马力，就中国之技巧耳!"这里所谓"中国之技巧"，就是金的火器，金的火炮技术在战争中为蒙古人所掌握，反过来征服了金兵。

四、社会习俗

1. 婚姻与丧葬

婚姻。金朝统治区内的汉人依然沿袭唐宋的生活习俗。

女真社会的早期，婚姻形态和习俗上还保留着原始氏族制的影响和残余。父死则妻其后母，兄死则妻其嫂，叔伯死侄可妻其婶，因而男子不论贵贱，常有数妻。到10世纪函普时，已确立了一夫一妻制，但社会上依然存在着上述"妻母报嫂"的习俗。其择偶，既可由男女自行决定，也可由长辈代为选择。一般说来，贵族子弟的婚姻与政治、财产关系密切，多由长辈决定。贫苦人家的子女，在配偶选择上享有较多自主权。

民间缔结婚约时，男方与其家属携带马匹、酒食同至女家，女家设宴款待，女家长幼皆坐炕上，男方则拜于地下，称“男下女”。礼毕，男方牵过作为聘礼的马匹数十至百匹，女家取其十分之二三，然后视取马匹多少回赠衣服若干。成婚后，男子需在女方家中居住 3 年，侍奉岳父母，承担各种劳作。随着女真社会的发展，这种习俗也发生了变化。贫苦家庭出身的子女成年后，可行歌于途，自叙家世和妇工、容色，表达求偶的愿望，有欲迎娶者，即可携归；也有的男子乘马携酒至郊野，女子前往聚观，一起饮酒谈笑，起舞讴歌，只要彼此钟情便一同归去，然后再备礼去女家拜门。更有冲破家庭和社会束缚的“偷婚”。女真人与契丹人一样，以正月十六日为放偷日，男子利用放偷日，将意中人偷回家中，结为夫妇。

丧葬。女真人多行土葬。早期，死者埋之，而无棺椁。后期，受契丹葬俗影响，渐有棺椁之制。也有火葬，并有与死者身份相应的随葬品，贵族的随葬品有奴婢、马匹及金银首饰等，平民则多生产工具及生活用品。女真人死后，亲人跪哭于地，以刀轻划额，使血泪齐下，称“送血泪”。哭毕互相劝慰，安葬和祭奠死者。女真人与契丹人一样有“烧饭”礼，一般多在朔、望、节辰、忌日举行，表示对死者的哀悼。金代后期，随葬品改用纸制品，如房屋、侍从、车马等。汉族烧纸钱的风俗在女真人中也广为流传。

节日。女真人最早无历法，进入中原后，制订历法。汉族传统岁时风俗在女真人广为传播，因此汉族节日成为各族人民共同的节日。据记载，金代节日有元旦、上元、中和、立春、春分、上巳、寒食、清明、立夏、四月八日佛诞日、端午、三伏、立秋、七夕、中元、中秋、重阳、下元、立冬、冬至、除夕等，朝廷规定节日有假一至三天。

2. 衣食住行

衣着。女真人的衣服以布帛等织物为主要原料，贵贱以布的粗细为别。富人秋冬多以貂鼠、青鼠、狐、貉、羊羔皮为裘，贫者以牛、马、猪、羊、犬、鹿皮为衣裤；春夏富人则以苎丝、细布制衣，贫者以布为料。常服有巾、带、盘领衣、乌皮靴。衣尚白色，多为短袍，以便于骑乘。系腰带，可以佩挂腰牌和刀、弓、剑等。妇人多穿大袄子，无领；裳为锦裙。妇女辫发盘髻，男子剃去前半部头发，留脑后发，编成发辫垂于脑后，男女多耳垂金环。但天长日久，女真人的服饰也有变化，主要表现在汉化上，世宗、章宗曾严令禁止女真人穿汉服，但屡禁不止。而汉人的服饰也受女真人影响。金初，金朝统治者曾强制各族人民改行女真人衣着和发式，所以在汴京等地汉人穿女真服饰也成为时尚。

食品。早期的女真人食肉，多烧烤或生食。随着农业生产的发展，粮食比例增大，常将米粟制成麨（炒米、炒面）和粥食用。与汉人交往增多后，食品也逐渐精细，主食有馒头、汤饼、烧饼、煎饼。女真人还善制糕点茶食，善制油炸面食品，又有蜜糕（果脯、蜜饯）、松糕之类。女真食品在元代仍广泛流传，见于记载的有厮刺葵菜冷羹、蒸羊眉突、塔不剌鸭子、野鸡撒孙、柿糕、高丽粟糕等。

饮品则有酒、茶、奶等。酒类主要是汉人酿制，金代饮酒之风甚盛，以致朝廷多次下令限制朝官饮酒，并对酒类实行专卖。茶叶主要靠南宋贸易和朝贡。

民居。早期，女真人依山谷而居，联木为栅，屋高数尺，无瓦，房顶覆以木板，或桦树皮，以泥草抹在木板上。墙垣篱壁，皆用木造，门皆东向。屋内周围为土床，其下燃火，饮食起居均在其上，谓之炕，以取其暖。无论尊卑贵贱，都用火炕为寝息之所，并以其取暖。女真皇室贵族的住房，与中原皇室贵族没有什么差别。

交通。金朝皇帝继承辽代的捺钵制度，但与辽代有所不同。金帝捺钵以避暑畋猎为主，其政治、军事意义明显减弱。而赴捺钵所经之地都需花费许多人力、物力修筑道路，所以陆路交通占重要地位。陆路交通的主要工具是畜力和车，车辆多用马、牛牵引，此外还有手推车、独轮车等。为使陆上交通不受河泊所阻，金朝政府很重视造桥，如卢沟桥、磁州桥均为当时名桥。内河和近海用船筏。侵宋战争爆发后，特别是海陵王时，制造了大量近海战船。金朝有驿站制度，南北主要交通要道均设递铺。泰和六年(1206年)，置急递铺，日行300里，是专为军事和防汛而设置的。

第四章　元代文化

元朝是中国历史上由蒙古统治者建立的封建王朝。1206年，成吉思汗统一全蒙古，在漠北建立大蒙古国。其后，成吉思汗和他的继承者通过不断的征服战争，领土扩大至中亚、西亚和欧洲广大地区。1260年，忽必烈为大汗，遵用汉法，改革旧制，将政治中心南移。1271年，改国号为大元，次年以燕京（今北京）为大都。1276年灭南宋，1279年击灭南宋残余势力于崖山（今属广东新会），实现全国大统一。1368年，朱元璋建立明朝，攻克大都，元亡。

由于元朝实现了国家的大统一，各族人民互相交流互相融合，使元代文化形成了自身的许多特点：首先，元代文化具有多元性。除了作为文化主体的汉文化以外，各种少数民族文化（包括宗教文化和世俗文化）也进入中原地区，出现了佛教文化、伊斯兰文化、基督教文化、游牧文化和儒家文化相交融的状况。其次，元代疆域辽阔，为科学技术的发展提供了良好的条件，尤其是天文学、地理学和农学的发展更为突出。其三，元代中西交通畅通，促使中外文化交流繁荣发达，中亚、西亚、欧洲的文化科技传入中国，中国的科学技术传入西方。

一、文学艺术

1. 元曲

元代的戏剧（包括杂剧、南戏）和散曲统称为元曲。元曲是我国古典文学中的重要财富。这一财富是元代各族人民共同创造的。

杂剧。元杂剧是我国戏剧史发展到一定阶段时产生的新戏曲形式。从宋代开始，一些大城市中建立了勾栏、瓦舍，许多民间艺人在里面说唱表演。到金代，在宋代市民文学的基础上出现金中都的院本。元杂剧就是在这些基础上吸收了宋金时代的诸宫调（用多种宫调来说唱一个故事）逐渐形成的。同时，宋金的傀儡戏、皮影戏、大曲、赚曲，以及北方少数民族的音乐对它都有影响，并使它显得格外丰富多彩。

杂剧把歌曲、宾白、舞蹈动作融合在一起，成为一种综合性的戏剧艺术。它以歌曲（唱）为主，唱词由同一宫调的套曲组成，句尾入韵；宾白（白）、舞蹈动作（科）加以配合。一个剧本通常分为四折（四幕），剧前或两折之间可加“楔子”。曲词一般由一个演员（男称“正末”，女称“正旦”）演唱。杂剧的题材十分广泛，内容异常丰富。元代杂剧作家约有200余人，剧本600种左右，杂剧名目约有200余种。

元代著名的杂剧作家有关汉卿、王实甫、马致远、白朴、郑光祖等，关、马、白、郑号为“元曲四大家”。

关汉卿，号已斋（一作“一斋”），大都人，出身“太医院户”，约生于13世纪20年代，卒于成宗大德初年（1297年）前后。据钟嗣成《录鬼簿》，关汉卿共创作杂剧62种，现存曲目俱全的12种，科目残缺的3种，仅存单支曲词的2种。他博学能文，还亲自粉墨登场演出。他长期生活在大都，是大都杂剧创作团体“玉京书会”中最优秀的剧作家。他的代表作有《窦娥冤》《望江亭》等。这些作品大多揭露了元代权贵势要的罪恶和社会的黑暗面，具有很强的现实针对性。

王实甫，名德信，大都人。王实甫原籍易州定兴，父狄勋随成吉思汗西征，娶阿鲁浑（即阿儿浑）氏为妻。王实甫曾任陕西行台监察御史，与台臣议不合，年40余，即弃官不仕。其子王结官至中书左丞，故王实甫晚年可能一直在大都创作杂剧。王实甫创作的杂剧共有14种，全存《西厢记》《破窑记》《丽春堂》3种，残存《贩茶船》《芙蓉亭》2种。《西厢记》是元杂剧中的杰作，它是在董解元《西厢记诸宫调》基础上，吸收宋、金时期同题材的说唱文学和戏曲的成就，进一步精心创造而成的，但经过王实甫的重新创作，在思想上、艺术上大大提高了一步。《西厢记》描写了张生和莺莺的恋爱故事，鲜明地提出“愿普天下有情的都成了眷属”的理想，赞扬了崔、张反抗封建婚姻、封建礼教和封建家长制的斗争，揭露和抨击了封建伦理道德的虚伪性；在人物形象和艺术表达上，王实甫大大加强了莺莺和红娘在剧中的位置，使她们的性格更加鲜明。全剧结构紧凑，主题突出，文字优美，情节感人，对后世的文学有很大的影响。《西厢记》数百年久演不衰，说它“天下夺魁”并不过分。

马致远，号东篱，一说字千里，大都人。曾任江浙儒学提举。元贞、大德年间曾参加过大都的“元贞书会”。作剧13种，今存《汉宫秋》《青衫泪》《陈抟高卧》《荐福碑》《岳阳楼》《任风子》《黄粱梦》等七种，《汉宫秋》为其代表作，曲词华美，富有表现力，臧懋循编《元曲选》把《汉宫秋》列为全书之冠。

白朴（1226—约1306），本名桓，字仁甫，又字太素，号兰谷，隩州（今山西河曲）人。幼养于金代文学家元好问家，博学工诗词。不求仕进，在上都参加“玉京书会”活动。剧作存目16种，今存《墙头马上》《梧桐雨》2种。《墙头马上》与《西厢记》一样，也是歌颂男女自由恋爱、反对封建礼教的杂剧。

郑光祖，字德辉，平阳襄陵（今山西襄汾西北）人，曾任杭州路吏。作剧18种，今存《倩女离魂》《㑳梅香》《王粲登楼》《周公摄政》等8种。《倩女离魂》是根据唐人传奇《离魂记》改编的，内容也是歌颂追求爱情婚姻自由。

除上述五位剧作家外，元代还有不少卓有成就的剧作家，创作了一批优秀杂剧，其中影响较大的有纪君祥的《赵氏孤儿》、尚仲贤的《柳毅传书》、李好古的《张生煮海》、石君宝的《秋胡戏妻》以及康进之等人的水浒戏。少数民族主要的剧作家有：女真人李直夫，本姓蒲察，人称蒲察李五，创作杂剧12种，现存《虎头牌》1种；蒙古人杨讷，字景贤，号汝斋，有剧18种，现存《刘行首》《西游记》等。

南戏。发源于浙江，始于南宋光宗朝，其最初活动中心在温州、杭州、苏州一带。元初，北方杂剧兴盛，南戏一度衰落。元中期后，杂剧中心南移至杭州。南戏在吸收北方杂剧演唱艺术的基础上开始勃兴，发展成为更成熟的剧种。元末苏州就有“吴中九山书会”“敬先书会”等创作南戏的书会组织。

杂剧大多限于四折，每折限于一种宫调，又限一人演唱，其律至严，不容逾越。南戏比较自由灵活，一出戏没有限定几折，每折也不限于通押一韵、一个宫牌的曲牌；登场演唱的角色可生可旦，不必一人独唱到底，甚至二人互唱，或数人互唱，不受约束。同时，它的声腔也有了发展，南戏的四大腔——昆山腔、海盐腔、余姚腔、弋阳腔均产生于元末。昆山腔始于昆山顾坚，海盐腔始于畏兀儿人贯云石（酸斋）。

现存宋元南戏存目 213 种，存世完整剧本约 10 种，失传极为严重。著名剧作家高则诚的《琵琶记》有较强的艺术性。被称为元代“四大传奇”的《荆钗记》《白兔记》《拜月亭》《杀狗记》，已难以识别古本真貌。现存《荆钗记》实为明人朱权所作，《白兔记》的作者不详，《拜月亭》有人认为是明人施惠所作，《杀狗记》的作者一说为明人徐㽦，冯梦龙也改编过。

散曲。散曲包括小令和套数两种：小令依一个曲牌填写一支小曲，由词发展而来，相当于一首单独的词；套数由不同的曲牌同一宫调的若干支小曲连缀成套，要求有头有尾，一韵到底。小令主要是民间小曲，也有的脱胎于诗词；套数则融合并发展了唐宋以来的大曲、鼓子词、传谱、诸宫调和赚词的连缀形式。散曲每支都有个牌名，以代表其谱式，如《普天乐》《天净沙》等皆是；每一曲牌又必须隶于其所属宫调之下。据陶宗仪《南村辍耕录》载，元代北曲的律吕，分 6 宫 11 调，共 17 宫调，按曲调高低而分。

散曲是市井产物，具有深厚的群众基础。其形式简单，坦率真挚，清新活泼，常用来揭露社会现实、议论时政，在民间互相传唱。散曲吸收了大量少数民族的曲调和风格，元代流行的少数民族乐曲分大曲、小曲、回回曲3大类，共31种，其中回回曲有《伉里》《马黑某当当》《清泉当当》，这些曲与汉人曲调不同。由此可见，元曲既是我国戏曲发展的产物，又与元代这一多民族大家庭特定的时代环境分不开，少数民族的音乐和风格，对元代散曲的形成和发展有一定的影响。

元代散曲家人才辈出，估计达200余人。前期散曲家除关汉卿、马致远、王实甫等外，还有张养浩、卢挚、王和卿等。张养浩（1270—1329），字希孟，号云庄，济南人，历监察御史、礼部尚书、中书参议、陕西行台中丞。所作散曲对社会弊端多有揭露，如《山坡羊·潼关怀古》《一枝花·咏喜雨》等皆是。后期著名散曲家有刘致、张可久、乔吉等，刘致的作品也富有现实性。少数民族散曲家也很多，如蒙古人阿鲁威、杨讷、孛鲁，女真人奥敦周卿、王景榆、蒲察善长，畏兀儿人贯云石、全子仁，康里人不忽木、金元素、金文石，党项人孟昉，回回人马九皋（薛超吾、薛昂夫）、丁野夫、兰楚芳、赛景初、沐仲易、虎伯恭、萨都剌、玉元鼎、琐非复初、阿里西瑛、阿里耀卿等，也里可温人（基督教徒）月景辉等。其中不忽木（1255—1300），一名时用，字用臣，累官至中书平章政事，精于散曲，今存套数《点绛唇·辞朝》，由14支曲牌组成，叙其虽居高位而欲辞退隐居的心态，表达了对权臣暴政的不满。马九皋（约1270—1350）的散曲也有很高声誉，有人将他与马致远合称“二马”，或与关汉卿、贯云石齐名。贯云石（1286—1324），原名小云石海涯，元初功臣阿里海牙之孙，自号酸斋，他的散曲豪放明朗，慷慨激烈。

2. 诗词

元诗姓名见于诗选者有400余人，可见元诗之盛。元代北方诗人继承金人元好问的风格。元好问之诗，追法中晚唐诗风，苍凉沉郁，刚健清新。元初北方诗人如王磐、王恽、刘因、鲜于枢等，追随元好问，亦清澹古朴。元中期的诗人姚燧、元明善、马祖常、袁桷等，古诗追仿魏晋，律诗取法盛唐，风格清丽猷壮。元中后期诗人虞集、杨载、范梈、揭傒斯，号为“元代四大家”，他们的诗更加典雅精丽。如杨载，《元史》载其：“尝语学者曰：‘诗当取材于汉、魏，而音节则以唐为宗。’自其诗出，一洗宋季之陋”。但他们的诗词内容以抒写闲情逸致为多。

元中期以后，许多诗人的诗贴近生活，富有现实意义。萨都剌、迺贤、王冕的诗最具有代表性。

回回诗人萨都剌（约1300—?），字天锡，号直斋，先世随蒙古军东来，遂为雁门（今山西代县）人。今存《雁门集》，是回回人中最为齐全的一部诗集。萨都剌的诗豪放，富有新意，如《醉歌行》《登歌风台》《过居庸关》等。其开拓创新，敢于突破乐府古题的局限，采用各种体裁来表达自己的思想，如乐府古调、五言古体、七言古体、五言近体、七言近体、绝句、诗余等几乎全部采用，更为可贵的是，萨都剌的诗敢于触及时事，敢于表露爱憎。萨氏生于世祖中期，殁于顺帝中期，经历了除蒙古前四汗外元朝的整个十朝，举凡重要政治事件及天灾人祸，诗中多有触及，如南坡之变、天历之战、明宗暴卒、黄河决堤、农民起义等，皆有诗篇描述。不少诗作披露民间疾苦，如《鬻女谣》《江南怨》《征妇怨》等。

萨都剌也是一位词人，词作多咏史怀古、写景抒情，前者如《念奴娇·登凤凰台怀古》《满江红·金陵怀古》《念奴娇·登石头城》等，词人用借古喻今的手法来表达对现实政治的不满；后者如《卜算子·泊吴江夜见孤雁》等。

迺贤（1309—?），字易之，别号河朔外史，哈剌鲁人。先祖从蒙古军东来，曾寓居南阳，故迺贤又自称南阳人士。其祖父迁居鄞县，迺贤生于此地。有诗集《金台集》，今存诗约260首。迺贤生活于社会矛盾日益尖锐、战乱动荡的年代，他曾游历江南、中原、塞外和川蜀等地，目睹百姓饥寒交迫、官府昏天黑地的社会现实，因而在诗作中多有所表露。如《新乡媪》《新堤谣》《颍州老翁歌》等，就是描写人民群众生活苦痛的诗篇。

杨维祯（1296—1370），字廉夫，号铁崖、东维子，诸暨（今属浙江）人。有诗集《铁崖先生古乐府》。他的七古歌行追求新异，竹枝词清新通俗。所作《盐盐行》揭露盐商奢侈腐朽和盐民的悲惨境遇。元末割据平江的张士诚屡召其入仕，他不赴，作诗讽刺张氏集团腐败堕落。

元末另一诗人王冕（1287—1359），字元章，号煮石山农、饭牛翁、会稽外史、梅花屋主等，诸暨人，出身农家。他的诗也有许多反映人民疾苦的内容，如《江南民》《江南妇》《伤亭户》等。

元代少数民族诗人，较为著名的还有汪古人马祖常，回回人高克恭、马九皋、马九霄、辛文房、虎伯恭、仉机沙、伯笃鲁丁、哲马鲁丁、别罗沙、买闾、伯颜子中、丁野夫、古雅谟丁、爱理沙，康里人巎巎、康里百花，钦察人泰不花，党项人张雄飞、昂吉、完泽、余阙、斡玉伦徒，畏兀儿人三廷圭、贯云石，蒙古人郝天挺、朵尔直班，也里可温人雅琥、别都鲁沙等。

3. 艺术

绘画。元代山水画在中国美术史上占有重要的地位。特别是文人画的确立，在中国绘画史上有着划时代意义。文人画是文士的思想情操与适应他们的审美情趣的传统绘画，在画风上求意趣而重形似，主张写意。赵孟頫主张“不求形似”，倪瓒说：“余之竹聊以写胸中逸气耳！”这些画家摆脱了宋代画院形式主义的风格，常常用绘画来表达对现实的不满。

赵孟頫与高克恭是元代前期画家的代表人物，画家张羽说：“近代丹青谁最豪，南有赵魏北有高。”说的就是赵孟頫和高克恭。赵孟頫（1254—1322），字子昂，号松雪道人，湖北（今属浙江）人，赵宋宗室，入元后官至翰林学士承旨。书、画、诗、文无不精通。其画，刻意学唐人，人物、山水、花鸟、鞍马、竹石俱佳。赵孟頫之画工整、细腻又讲究“形似”。回回人高克恭（1248—1310），一名士安，字彦敬，号房山道人，大同（今属山西）人，善画山水、墨竹，他虽然是元代画坛上二米（宋代画家米芾、米元章父子）派的代表，其实也是一位集各家之长而又自成一家的杰出画家。自二米而追踪董、李，可谓继承五代、宋的山水画传统，又学王庭筠（号黄华）、王曼庆（号澹游），吸收金代画家墨竹笔法，具备了深厚的传统功底。在创作意境方面，赵孟頫典雅蕴藉，具有浓郁的书法韵味；而高克恭则雄浑苍莽，更具有文人写意本色。时人称高克恭的画为“一代奇作”。赵、高二氏的画对明清两代画坛有很大影响。

赵孟頫、高克恭之后有元四家：黄公望（1269—1354），字子久，号一峰、大痴道人，常熟人；吴镇（1280—1354），字仲圭，号梅花道人，嘉兴人；倪瓒（1306或1301—1374），字元镇，号云林子，无锡人；王蒙（1308或1301—1385），字叔明，号香光居士，湖州人。他们都是文人画著名画家。

书法。元代书法重传统，尤其是对“二王”为代表的晋代书法传统的继承，赵孟頫“篆、籀、分、隶、真、行、草书无不冠绝古今”，可谓全能书法家。而与赵孟頫齐名的书法家康里人巎巎，竟如同高克恭在画坛中与赵孟頫齐名的地位一样，被后人誉为“元朝翰墨谁擅场，北巎南赵高颉颃”。巎巎（1295—1345），字子山，号正斋、恕叟，又号蓬累叟，父不忽木。巎巎文宗时官奎章阁大学士、翰林学士承旨，顺帝时历官江浙行省平章、翰林学士承旨。巎巎善真行草书，人称具有晋人笔意，其作品时人视为珍宝。其他著名书法家还有鲜于枢，工正、行、草书，笔力劲健，行草与赵孟頫齐名；杨维祯书法纵逸不拘，自成一体。少数民族书法家还有畏兀儿人贯云石、沙剌班、盛熙明、边鲁等，康里人回回、庆童、达识帖木儿、康里百花、金元素等，回回人赛景初、沐仲易、虎伯恭、赡思等，党项人斡玉伦徒，蒙古人朵尔直班等。

元代还涌现有书写普速蛮字的书家。“普速蛮”即“穆斯林”，普速蛮字即阿拉伯字。世祖中统年间，燕京行尚书省中有回回译史麦术丁，其用以书写的“木笔”，又称“革兰”，是阿拉伯语的音译，分草制、竹制、木制三种，木制者用干柳木劈成小条，厚约二三分，宽度按需要酌量而定，然后将笔头两面用刀划成小道，供蘸墨时吸墨之用。但无论草制、木制、竹制的革兰，都必须用开水浸泡后方可使用。

自元代开始记载回回人的阿拉伯字书法后，在中国逐渐发展成为一种独特的书法艺术，称之为经字画或阿拉伯文字画。它吸收汉字的特点和汉文书法的形式，有的写成中堂挂于客堂之中，有的写成对联分挂中堂两边，有的则写成横幅；其字形，有的写成方块，有的似图案；其字体，则有行书体、三一体、库法体、波斯体、花体、象形体、宫廷体等。除了民间回族家庭中将它装裱后挂在宅中外，清真寺的大殿、殿柱饰以金色的经文图案，显得庄严、肃穆、神圣，一派宗教气氛。

壁画。元代壁画艺术成就很高。现存敦煌安西榆林窟有元代壁画，北方许多古寺庙中也有不少遗迹。山西洪洞县广胜寺明应王殿内的元代杂剧壁画，十分生动地展现了杂剧演出时的情况。

位于山西省永济县（后拆迁至芮城县永乐镇）的永乐宫，是一座道教宫观。永乐宫壁画分布于无极门、三清殿、纯阳殿和重阳殿，面积达960平方米，规模宏大，技法精湛，保存完好，在中国壁画史上占有十分重要的地位。

三清殿是永乐宫的主殿，供奉道教的最高神祇玉清元始天尊、上清灵宝天尊、太清道德天尊，故称“三清殿”。殿中三清的塑像已毁坏，但四壁所画《朝元图》则完整无损。《朝元图》是元代洛阳民间画工回回人马君祥及其子马七、马十一、马十二、马十三共同绘制的。该壁画依据流传于洛阳一带的道教绘画粉本设计而成。画面上，八方主神均作冠冕帝王的装束，在仙官、玉女、使者、力士的簇拥下朝拜三清至尊。四周壁画面积达 400 多平方米，人物近 300 个，每个人物画像高近 3 米，群像排列四周有三四层之多。人物表情十分丰富，有的庄严肃穆，有的慈颜悦色，有的潇洒自然，有的沉默寡言，有的温文秀雅，有的须眉奋张……人物与人物之间，并非刻板拼凑，而是各有动作，或左顾右盼，或侧耳倾听，或回眸欲语，或俯首沉思，构成有机的整体群像。

《朝元图》采用传统的工笔重彩，画笔简练，线描功力深厚。服饰冠戴富丽精巧，衣纹流畅挺拔。全图青绿重彩，古朴庄重，加以在人物冠戴、衣襟、飘带与熏炉等处略施粉贴金，更增添画面艺术效果。马氏父子充分继承了唐宋壁画家吴道子、武宗元的传统技法，而更精湛成熟。

二、哲学、史学和其他学科

1. 哲学思想

理学的继承和传播。理学在北方开始传播是比较晚的，由于南北对峙，南宋的理学著作在北方流传不多。金末时，南方的一些理学著作才传到北方，但对这些著作进行讲授那是元太宗七年（1235 年）赵复被俘到燕京后的事。

理学，始于北宋周敦颐，中经“二程”（程颢、程颐），集成于南宋的朱熹。他们把反映封建地主阶级利益的三纲五常加以理论化、系统化，成为全社会的共同秩序和神圣不可侵犯的所谓天理。而这个天理，体现在圣人身上，由尧舜至孔孟，直到宋代的“二程”、朱熹，形成一个所谓圣传的道统。所以理学又称道学。这在儒家的理论思维上，形成了一套比汉唐儒学更加成熟的唯心主义体系。理学是维护封建制度的思想工具。

蒙古占领北方后，经历着一个上层建筑逐步适应经济基础的过程，蒙古贵族正在逐步领会“今日能用士而能行中国之道，则中国之主”的道理。太宗七年，蒙古军占领德安（今湖北安陆），江汉先生赵复被俘，杨惟中、姚枢等把他从俘虏中挑出，请到燕京，建太极书院，请他传经布道。赵复以其所记程朱所著诸经传注，选取遗书八千余卷，又著《传道图》《伊洛发挥》《师友图》《希贤录》等书，对孔孟之道、程朱理学的书目、宗旨、师承关系作全面介绍。姚枢、杨惟中等从其学，许衡、郝经、刘因等也因读了这些书而尊信理学。忽必烈曾在“潜邸”召见赵复，对理学在北方传播显然是支持的。金主迁蔡后，逃到德安的金朝儒生窦默，在孝感（今属湖北）随谢宪子学伊、洛性理之书。后被杨惟中召集北归，在大名与姚枢、许衡“朝暮讲习”，于是名声大噪。忽必烈亲自召见，窦默大谈三纲五常，忽必烈大喜，命为翰林侍讲学士。窦默和赵复一样，是在北方传布理学的最早的学者。

南方的理学家都是朱熹、陆九渊的直接继承者。元灭亡南宋前后，南方的朱学人物以吴澄、许谦等为代表，陆学人物以陈苑、赵偕、郑玉等为代表。元代理学家的政治态度与理学特点不完全一致。许衡、郝经、窦默等人，积极用世，身显廊庙，在理学只是“承流宣化”，不重玄奥。刘因、吴澄、许谦等人，高蹈不仕，闭门冥索，其理学趋于幽玄，走的是所谓“上达”一路。而陆学人物更是屏迹山野，玩性理，索诸天，其势力虽不及朱学，但他们终生不改陆学“自识本心”的宗旨。

这些理学家以许衡、许因、吴澄最有影响，称为元代三大理学家。

许衡（1209—1281），字仲平，学者称“鲁斋先生”，河内（今河南沁阳）人，官至左丞、国子祭酒，声名显赫。他热心事功，重视朱熹“小学”“四书”，主张“践履”于时，积极向忽必烈陈《时务五事》，推行汉法，在元朝开国之际，与刘秉忠、张文谦一起立朝仪、定官制。许衡的理学虽然没有什么创造，但他对理学的普及与推行，对蒙古的封建化，对维护元代的统治等方面，起了很大的作用，故其死后谥“文正”，从祀孔庙，殊受隆誉。

刘因（1249—1293），一名骃，字梦吉，容城（今河北徐水旧容城）人。年长，因慕诸葛亮“静以修身”一语，遂自号“静修”。他父祖本是金朝人，但他生于金亡国13年之后，仍自视为亡金的遗血，以授徒终生，不肯仕元，视蒙古统治下的元朝仅有毡酪之风，不可以行儒道。故在理学上，坐禅冥索，有庄子“齐物”反观和邵雍“观物”内省的思想成分。

吴澄（1249—1333），字幼清，学者称“草庐先生”，抚州崇仁（今属江西）人。元初曾应召为国子司业等师儒教监，但旋进旋退，以授徒、著述终生。他本由南宋入元，成学于南宋，为饶鲁的门生，而饶鲁受学于朱熹及其门生黄榦。他直承朱熹的理学统绪，但并不严守朱学门户，谓“本心之发见”，即可获得“天理之当然”，杂入陆学“明心”的方法。他是“和会朱陆”而“右陆”，以至有“宗陆背朱”之嫌。吴澄与熊良辅、汪克宽、赵汸等，亦为元代的经学大家。

许衡、吴澄等理学家，对理学或“承流宣化”，奔走汗庭；或矜谈妙语，潜思冥索，使理学由南而北，遍及全国，以至于延祐年间，朱熹的《四书集注》被定为科场程式，“非斯言也，罢而黜之”。谓孔子是“仪范百王，师表万世”，追崇为“大成至圣文宣王”。而许衡等，或在元政府中，备列顾问，“国有大政，辄以访之”；或蛰居山林，授徒著述，尊为贤学之士。元人修的《宋史》，在正史中首开《道学传》，其所定的理学宗旨和人物，成为明清理学的规范，影响很大。从此以后，以朱学为主的理学，成为统治阶级的正统思想。

元代的理学家虽然各自的情况不同，但基本上没有离开在宋代已经形成的理学原则，从这一意义上来讲，元代是重弹了宋代理学的老调。但元代的社会情况究竟不同于宋代，因此元代的理学也自有一些特色。

首先，南宋时期理学的朱、陆之争，逐渐趋向于朱、陆“和会”。朱学方面吸取陆学直求本心和知行合一，陆学方面吸取朱学理气、理欲及“笃实”的工夫。这种“和会”的趋向，正是后来明代王学的先声。王学固可以说是接步陆学，可是陆、王并不完全一样，王学讲陆学“本心”，也讲朱学理气、理欲。这种混淆朱、陆的做法，其实在元代已开其端，元代理学实为宋到明之间的过渡环节。

第二，以许衡为代表的元代理学家，对理学本身却做了宽泛的解释，使理学的理、道，含有“日用常行”之则。以满足人的“生理”即物质生活前提来谈“治生”，这同程朱“行天道遏人欲”的思想不尽一致。许衡重视民生日用，提出“治生最为先务”这一思想，为明清时代进步思想家所继承和发展。

第三，刘因对经学提出的返求六经和“古无经史之分”，是元代理学中具有特色的思想。他认为理学出自汉唐训诂，训诂又本于六经，如此“推索究竟”，是意在说明六经为根本。故求理学，当先谈汉唐训诂，以溯六经。

这在他谈到六经与《论语》《孟子》《大学》《中庸》四书关系时，也强调要返溯六经。刘因还认为六经中的一些经，就是历史，提出“古无经史之分”。

宋元时期的思想界正沉浸在醉醺醺的理学情况下，刘因提出返求六经，在当时仍不失为一种清新思想。明清之际的进步思想家如黄宗羲等，痛定思痛，把明亡归之于理学束书不观，“游说无根”，提出以经学补实理学，这与刘因的论说大体相同。

邓牧和谢应芳的“异端”思想。在蒙古统治者用武力统一全国过程中，一部分南方汉族知识分子出于民族气节和缅怀旧朝的心情，决不与新朝合作，甘做“抗节遁迹者”，邓牧、谢翱、周密等皆是。

邓牧（1247—1306），字牧心，浙江钱塘（今浙江杭州）人。南宋亡后，他怀着极其悲愤的心情四出漫游，决心不仕，晚年隐居余杭大涤山中的洞霄宫。大德九年（1305年），元廷派玄教大宗师吴全节请邓牧做官，邓牧拒绝了。他自称“三教（儒、佛、道）外人”，以表明他是不列入任何正宗行列的。邓牧反对元朝的统治，也反对理学家“三纲五常”的说教，但他不可能用超时代的思想武器来反对理学，而是借用老庄的语言，来进行消极的反抗。他的作品有《洞霄图志》《伯牙琴》等，《伯牙琴》是他哲学思想的代表作。

邓牧的宇宙观基本上来源于道家的太极说。把自然界的运动、人类的生养完全归功于玉皇上帝之力。可见，邓牧关于天体演化的观点与道家是一致的。

邓牧强烈反对“君”和“吏”的统治。他认为，皇帝是“以四海之广，足一夫之用”的最大掠夺者和剥削者，官吏是“与虎豹蛇虺均为民害”。他幻想“天下无乐乎为君”的尧舜社会，这个社会“君民间相安无事”，“废有司，去县令，听天下自为治乱安危”。他对封建专制主义的抵制，孕育着古代民主思想的精华。

谢应芳，字子兰，元末武进（今江苏常州）人，一生致力于破除世俗迷信和反对佛、道宗教迷信。其所著《辨惑编》是一本反对迷信思想的专著。《辨惑编》共分死生、疾疠、鬼神、祭祀、淫祀、妖怪、巫觋、卜筮、治丧、择葬、相法、禄命、方位、时日、异端十五目，这十五项都是当时社会上流行的迷信思想和活动。谢应芳针对这些“异端邪说”，一一加以“辨惑”、澄清。他反对迷信的态度是坚决的。

2. 史学

辽、金、宋三史的纂修。辽、金、宋三史是二十四史中的重要组成部分。它们是在元朝时完成的。

早在世祖中统二年（1261 年），王鹗就曾请修辽、金二史，世祖即令左丞相耶律铸、平章政事王文统监修，后又诏右丞相史天泽监修。南宋亡后，又令史臣通修三史。

仁宗延祐年间也曾诏修三史。但终因义例未定，一直未能定稿完成。

到顺帝至正三年（1343 年），中书右丞相脱脱推行“更化”政策时，出于宣扬“祖宗盛德，得天下辽、金、宋三国之由，垂鉴后世，做一代盛兴”的目的，又决定设局修史。以脱脱为三史都总裁，铁木儿塔识、贺惟一（即太平）、张起岩、欧阳玄、李好文、杨宗瑞、王沂为《金史》《宋史》总裁官。于至正三年四月同时开始修撰，至正四年三月完成《辽史》，十一月完成《金史》，至正五年十月完成《宋史》。三史共 747 卷，以两年半的时间迅速完成，三史各有所本是重要原因。

《辽史》所据，主要是耶律俨的《皇朝实录》和陈大任的《辽史》。耶律俨于辽乾统三年（1103 年）奉诏纂修太祖以来诸帝实录，书成，凡 70 卷。辽朝建国以来即有修史传统，各朝大多修有实录，耶律俨总其成，故钱大昕在《廿二史考异》中称“当辽之世，国史唯此本号为完善”。金大定二十九年（1189 年），党怀英、郝俣等奉命修《辽史》，未完成，由陈大任续修，泰和七年（1207 年）书成。陈大任《辽史》是金代第二本《辽史》，第一本《辽史》是皇统八年（1148 年）萧永祺继耶律固之后修成的。显然萧永祺本是陈大任本的重要依据。而至正所修《辽史》是在上述各种《辽史》稿本的基础上加工汇总而成的，上述各本的精粹在至正本《辽史》中得到了保存。

《金史》的史料基础最好。金人入主中原后，各朝均有实录，韩昉、耶律绍文等还修过国史。金亡后，实录为蒙古万户张柔所得，金末元初文学家元好问据此写成野史《壬辰杂编》，为《金史》主要史料之一。又有刘祁《归潜志》载金末史事甚详，亦为《金史》主要史料之一。张柔所得实录于中统二年（1261 年）归史馆，后来王鹗据此修成《金史》，至正年间修《金史》时上述史书俱在，故《四库全书简明目录》称："金一代典制修明，图籍亦备。又有元好问、刘祁诸人私相缀辑，故是书有所依据，较《辽史》为详赅。承修者明于史裁，体例亦为严整。"

《宋史》的史料更加丰富。由于宋代文人学士远较辽、金二代为多，著述极富，实录、会要、编年著作、典章奏议、地理方志、野史笔记、文集等等，无不应有尽有，仅袁桷所举搜访书目就达一百四五十种之多。由于史料极富，故《宋史》多达 496 卷，卷帙浩繁，为二十四史之冠。钱大昕批评"宋史繁芜"，正说明《宋史》保存的史料和资料最多，在许多史书失传的情况下，它就显得更有史料价值了。

辽、金、宋三史是各族史家共同劳动的结晶。都总裁官脱脱虽然没有亲自写史，但他为组织写作班子、解决写史经费，尤其是确定在一史各为正统的原则上，起了很大作用。元朝建立后，三史之所以迟迟未能修成，一个重要的原因是辽、金、宋三朝谁是“正统”的问题一直争论未决。有的主张辽、金为北史，宋太祖至靖康为宋史，建炎以后为南史；有的主张以宋为世纪，辽、金作载记；又有人主张宋、金都不是正统。在这种争论不休的情况下，脱脱独断曰：“三国各与正统，各系其年号。”争论才罢休。这一决定确定了三史以平等看待的基本原则，它符合中国是一个多民族国家的客观实际，也符合辽、金、宋三朝互不统属的历史状况，因而是正确的，所以脱脱对三史的贡献不能忽视。三史的具体实际工作，以汉族士大夫欧阳玄出力最多，他从选择史官、汇集史料，到制立三史凡例，亲撰论、赞、表、奏等，贡献极大。其他如康里人铁木儿塔识，担任三史总裁官，对此“多所协赞”；修史官中还有畏兀儿人廉惠山海牙、沙剌班，哈剌鲁人伯颜，党项人斡玉伦徒、余阙，钦察人泰不花等等。在二十四史中有如此众多的少数民族史家参加修史，这是仅见的。

值得一提的是，辽、金二史各附有《国语解》一卷，这在二十四史中也是特有的。由于契丹、女真两族各有自己的语言文字，二史中不可避免地会出现许多官制、人事、物产、部族、地理、姓氏等名称，如不设语解，即使是当时的大多数人也是无法读通的。随着契丹、女真族与其他民族的融合，他们的语言文字渐渐为人们所不知，这样，《国语解》又成了今天研究契丹、女真文字的珍贵资料。

三史在史料汇集、编纂方法上有许多特点和优点，但由于时间仓促和校核不精，出现了一人两传、纪传不符、译名不一、各史互异、传闻之误等问题。

胡三省的《资治通鉴注》。胡三省（1230—1302），字身之，台州宁海（今属浙江）人。元灭南宋后，他坚决不仕，隐居山中。他怀着对南宋政治腐败和民族败类极其痛恨的心情，怀着对异族残酷统治的强烈不满，以数十年的精力，完成了对我国著名的编年史——《资治通鉴》的注释。

胡三省对《资治通鉴》的研究可说是花了毕生的精力。从宝祐四年（1256 年）开始，“大肆其力于是书”，以《资治通鉴音义》《释文》各本乖异，刊正为《广注》97 卷，著《论》10 卷。临安失陷后，该稿遗失。在前稿遗失、图书难得的情况下，他继续顽强地工作；完稿后，他又精心修改，直至临终之前。

更加可贵的是，胡三省在他的注中充满了民族气节和爱国热情。他或者直言不讳地表达自己对故国的哀痛，或者隐晦曲折、借古讽今地抨击元朝封建统治。例如，对于造成“误国”的襄阳失守，胡三省曾三次提及，心情极其悲痛。又如，对于元朝统治者压迫、控制人民的种种禁令，胡三省极为不满，他以要求“舒展四体”的隐晦语言来表示强烈的反抗。

胡三省通过他的史学著作，表达了他的爱国主义热忱和对封建统治的强烈不满。这些带有人民性的进步史学思想是应该给予肯定的。

马端临的《文献通考》。元代另一位进步史学家马端临（约1254—1323），字贵与，饶州乐平（今属江西）人。他是南宋右相马廷鸾之子。宋亡后隐居不仕，花了20年时间著成一部有348卷的中国典章制度史专著《文献通考》。

唐代史学家杜佑的《通典》是最早的有系统、有门类、专载历代典章制度的一部史书，但门类分得太宽，而且只写到唐代天宝年间为止。马端临的《文献通考》则是《通典》的进一步丰富和扩大。《文献通考》共分24门，即田赋、钱币、户口、职役、征榷、市籴、土贡、国用、选举、学校、职官、郊祀、宗庙、王礼、乐、兵、刑、经籍、帝系、封建、象纬、物异、舆地、四裔等。其中经籍、帝系、封建、象纬、物异等5门为《通典》所未有；其余19门，则在《通典》基础上离析其门类，加以充实而成。凡天宝以前史实作了拾遗补阙，天宝以后至宋嘉定五年（1212年）作了续修。这部巨著以其丰富的史料和完整的体系，为研究宋以前的历代典章制度提供了重要的资料。

在治史的方法论上，马端临较之前代学者有很大进步。他不仅十分严肃地甄择史料，而且在这个基础上得出自己的结论。其次，马端临还特别注意历史变革的阶段。

例如在论及田赋的变革时，他把商鞅变法和杨炎变法作为田赋制度变革的历史标志。正由于马端临治史的方法论较符合科学原理，因而取得的成就也是巨大的。

马端临在《文献通考》中还常常通过对历史的叙述和议论来抨击封建政权，表达对人民的同情。作为封建时代的史学家是难能可贵的。

《蒙古秘史》。蒙古族的第一部历史、文学巨著《蒙古秘史》（汉译《元朝秘史》），是 13 世纪中叶用畏兀儿字蒙古文写成的。这部著作根据古代蒙古人民世代相传的故事，生动地记载了古代蒙古社会状况、阶级关系和成吉思汗家族的历史，以及成吉思汗、窝阔台汗时期的军事政治活动，具有极高的史料价值。书中收入了一些传说故事，有许多韵文和使用文学手法的描写，语言和形象富有草原民族特色，因而它也是蒙古族的第一部文学经典作品。该书原稿已经失传，现存的《元朝秘史》是明初四夷馆用汉字音写蒙古语原文、逐词旁注汉评保存下来的。

3. 语言文字和翻译学

语言文字。蒙古崛起于漠北，通过征服战争，使蒙古贵族掌握了全国政权。随着蒙古军队进入中原的阿拉伯、波斯、中亚突厥各族穆斯林数以几十万计，他们之中许多人在蒙古征伐战争中立有战功，因而在蒙元政权中担任了从中央到地方的许多要职。元朝时，国内公文通行汉文、蒙古文和回回文多种文字。

蒙古本无文字。成吉思汗灭乃蛮时，俘获了在乃蛮掌金印钱谷的畏兀儿人塔塔统阿，塔塔统阿以畏兀儿字母书写蒙古语，从而创制了畏兀儿蒙文。畏兀儿文即古回鹘文，它是由粟特文发展而来的拼音文字，自左向右竖写。畏兀儿蒙文最初有字母10余个，13世纪中或稍后，吐蕃喇嘛增衍至20个左右，元末畏兀儿人却吉敖斯尔又增加表示f、x、gh等音的字母，进一步演绎成120余个音节，并第一次指出元音和谐律。

元世祖忽必烈在1260年即位后，封授八思巴为国师，命他制作蒙古字。至元六年（1269年）正式颁行了蒙古新字，次年改称蒙古国字，成为法定的官方文字。这种蒙古字系依据藏文字母改制而成，八思巴将它改为方体，自上而下直写，自右向左行，当是参照了蒙古畏兀儿字和汉字的书写构字方式。八思巴蒙古字共有字母40多个，用以拼写蒙古语和汉语，字母基本通用，但有些字母在拼写蒙古语和汉语时，代表音值不同。忽必烈试图用八思巴字译写一切文字，达到全国文字统一。由于各种文字构成不同，具体使用时有许多缺陷，但这毕竟是中国文字史上的一次创造性尝试。有元一代，八思巴蒙古字始终作为官方文字行用。

所谓“回回文”是指用阿拉伯字改制的新波斯文，又称“普速蛮字”（或译“蒲速蛮字”）。“普速蛮”，即波斯文 muslman 的音译，义为穆斯林。当时政府中设有回回译史、回回掾史、回回令史，就是用回回文（新波斯文）起草文书、翻译文书的专职人员。元代回回人中之所以通行这种回回文，一是因为来自波斯和东部穆斯林的人数占多数，二是因为旭烈兀建立的伊利汗国也是通用这种文字的，元朝与伊利汗国之间的文书往来十分频繁。所以元朝官办的回回国子学和回回国子监，教学的主要内容是新波斯文。

元代回回人还流行着另一种文字，即“亦思替非”文字。“亦思替非”为阿拉伯语 istifa 的音译。它是一种特殊的文字符号，用于国家文书之中，有特定的写法与规则，国王及政府有关财务税收的诏书、清算单据、税务文书等都用这种文字书写。这种文字在回回人大批进入中原后传入中国，有可能在回回人掌管全国财政时广泛使用过。从大蒙古国时期到元朝初年，掌握全国财政大权的一直是回回人，奥都剌合蛮、阿合马等都是回回人。他们管理财务的方法，有可能用伊斯兰国家和地区通行的办法，采用亦思替非文字。当时的一批回回译史、回回掾史也许都懂得这种文字。

音韵学。江西高安人周德清“工乐府，善音律”，对于元代盛极一时的北曲的创作和演唱了解很深。《录鬼簿续编》说他“病世之作乐府，有逢双不对，衬字尤多，失律俱谬者；有韵脚用平上去不一而唱者；有句中用入声，拗而不能歌者；有歌其字音非其字者，令人无所守。乃自著《中州韵》一帙，以为正语之本、变雅之端”。他认为，要使北曲发挥更高的艺术效果，必须使它的体制、音律、语言都具有明确的规范，特别是语音的规范更为重要，并根据自己的亲身体验，在理论上进行了总结，完成了《中原音韵》这部划时代的著作，开了曲韵专书之先河。

《中原音韵》的内容分为两大部分：第一部分是以韵书的形式，把曲词里常用作韵脚的5866个字，按字的读音进行分类，编成一个曲韵韵谱。韵谱分为19韵：东钟、江阳、支思、齐微、鱼模、皆来、真文、寒山、桓欢、先天、萧豪、歌戈、家麻、车遮、庚青、尤侯、侵寻、监咸、廉纤。每一个韵里面又分为平声阴、平声阳、入声作平声阳、上声、八声作上声、去声、入声作去声等类。每一类里面以“每空是一音”的体例，分别列出同音字组，共计1586组。第二部分称作《正语作词起例》，是关于韵谱编制体例、审音原则的说明，关于北曲体制、音律、语言以及曲词的创作方法的论述等。

翻译学。元代各族人民在日常生活和政府行政、文化交流等方面，迫切需要培养精通各种语言的人才，除在首都和诸路设置培养懂得蒙古字或回回字的学校外，也涌现了许多翻译家。著名文学家、汪古人马祖常就是一位蒙古翻译家，他曾将《皇图大训》《承华事略》译成蒙文。祖籍巴里黑（今伊拉克巴尔赫）的回回人察罕，“博览强记，通诸国字书”，仁宗即位，拜中书参知政事。察罕曾将《贞观政要》译成蒙文进献，仁宗大悦，“诏缮写遍赐左右”，又命译《帝范》。蒙文《脱必赤颜》是“秘史”之意，“非可令外人专著”，属于宫廷史书。仁宗对察罕十分信任，命译《脱必赤颜》为汉文，分别名为《圣武开天纪》《纪年纂要》《太宗平金始末》等书，付史馆收藏。由此可见，察罕除精通阿拉伯语外，还精通汉语和蒙古语。

4. 教育与科举

元代的教育制度与宋代大体相同。官办学校，地方有路学、府学、州学、县学、诸路小学、诸路医学、诸路蒙古字学、诸路阴阳学；中央有国子监、蒙古国子监、回回国子监。这是由元朝社会特有的结构所决定的。蒙古族是“国族”，属四等人制的第一等级，元世祖忽必烈时又以八思巴文通行于全国，故蒙古国子监主要培养通八思巴蒙古字的人才；色目人在蒙古建国时立下汗马功劳，他们以回回人为主，通行回回文，故回回国子监主要培养通回回文的人才。

书院制度始于唐，盛于宋，元代承金、元制度设书院也很早。早在太宗窝阔台时期即有太极书院建立。元统一江南后，南宋遗民中有许多学者坚决不仕元，以建书院教授学生为生，故书院林立，尤其在东南地区，书院林立。书院多为私学，但入元后政府也办书院，公私书院都受官府节制。

元代科举始于仁宗延祐年间。仁宗崇儒、重视教育，并决定于延祐元年（1314 年）开科取士，考试以蒙古、色目人为一榜，汉人、南人为一榜，两榜难易不同，但均为儒家经典，且以朱熹《四书集注》为准。元代科举制度的实行比蒙古国时以“根脚”（出身）选官有了一大进步，虽然对汉人、南人一榜在人数上、考试深度上有所不分，但对培养少数民族人才是有进步作用的。

三、科学技术

1. 天文历法

《授时历》。元代的天文学，一方面继承了前人的丰富遗产，一方面吸收了阿拉伯人的天文知识，特别是由于郭守敬、王恂等天文学家的辛勤劳动，使我国古代天文学的发展进入了一个新阶段。

元初所沿用的《大明历》是金天会五年（1127 年）在宋《纪元历》的基础上稍加损益而成的，大定二十年（1180 年）虽曾加以重修，但由于已用了许多年，基本数据未变，随着年代的增加，造成了历法与天象不符的弊病，给元代农业生产的发展带来了不利的影响。因此，刘秉忠曾提议修历。至元十三年（1276 年），忽必烈决定立太史局（后改为太史院）改修新历，命许衡、王恂、郭守敬、杨恭懿等主持其事。

郭守敬（1231—1316），字若思，顺德邢台（今河北邢台）人。他的祖父郭荣精通算数、水利，郭守敬受祖父的影响很大。后来，郭荣让他受学于精通天文、地理的刘秉忠。刘秉忠和他的同学张文谦都是忽必烈很欣赏的人，因而郭守敬也被推荐给忽必烈。由于郭守敬对水利建设的建议和在西夏等地的治水成绩，很得忽必烈的赏识，被命为同知太史院事。王恂（1235—1281），字敬甫，中山唐县（今河北唐县）人，也是刘秉忠的学生。忽必烈命他为太史令。

郭守敬、王恂等人经过四年的努力，改制和创造了近20种天文观测仪器，进行了大规模的实测活动，最后制订了著名的《授时历》。

郭守敬认为，要制订新历，必须创制精密仪器，亲自进行天文测量，才能得到准确的数据。因此，他花了3年时间创制了简仪、仰仪、圭表、景符、规几、正方案、候极仪、立运仪、证理仪、定时仪、日月食仪、座正仪等仪器。

简仪是对浑仪进行了重大改革后创制的。元以前所使用的浑仪，把测量赤道坐标、地平坐标和黄道坐标等3种不同坐标的机构都装在一个系统内，结果使一个球面的空间安装了大小八九个圆环，使用不便，还妨碍视线。郭守敬创制的简仪精简了黄道坐标，而把地平坐标与赤道坐标分为两个独立装置。简仪的赤道装置与现代望远镜中广泛应用的天图式赤道装置基本结构是一样的。它由四根斜立的支柱托着一根正南北方向的轴，围绕着这根轴旋转的是赤经双环。赤经双环的两面刻着度数，最小分格是三十六分之一度。赤经双环的中间夹着窥管，窥管可以绕着赤经双环的中心旋转。窥管两端，架有十字线，这便是后世望远镜上十字丝的祖先。这样，只要转动赤经双环和窥管，就可以观测空中任何方位的一个天体，并从环面的刻度上读出天体的赤纬数值。赤经数值则由旋转轴南端的赤道环上读出。紧挨赤道圈的里面，固定着百刻环，环上刻着十二个时刻，以测定时间。为了便于赤道圈灵活旋转，简仪还应用了滚珠轴承装置。

仰仪是中间空的半球面铜制仪器，像一口朝天的大锅。半球的大圆面上刻着东、南、西、北和十二时辰，半球面上刻有与观测地纬度相应的赤道坐标。大圆面上用竿子架着一块板，板上有个小孔，小孔的位置正好在半球面球心上，太阳光通过小孔，就在半球面上投下了一个圆形的倒像，映在坐标上，即可读出太阳在天空中的位置。使用仰仪毋需用肉眼观看强烈的太阳就能得出它的位置，还可以直接观测日食的方向、亏缺和时刻。

圭表是观测日中影长变化以决定春分、秋分、夏至、冬至时刻的天文仪器。“圭”与“表”是其中的两个部件。

“表”是垂立在地面的标杆，“圭”是从表的下端向正北伸出的一条石板，圭表成垂直状。每当正午时，表的影子就落在圭上面，以根据表影长短测定夏至、冬至等节气的时刻。郭守敬改制的圭表，把宋代8尺长的表提高到36尺，表上再用两条铜龙抬起一根很细的横梁，使梁心到圭面达40尺。由于高度增大，投影差别明显，测定的精度就高。圭的刻度很精细，有尺、寸、分、厘，还可读到毫。现存河南登封元代观星台的石圭，由36方青石圭面和砖砌圭座组成，长31.19米、宽0.53米、高0.56米，石圭水平程度很好。

至元十六年（1279年），郭守敬上奏元世祖，要求设立测景所，得到忽必烈的同意。于是在原有大都、上都等5处司天监的基础上，在元朝控制的范围内陆续设立了27所观测台、站。其最北的北海测景所，据推算，应在北纬64°5′的地方，已在北极圈附近了；最南的南海测景所当在占城（今越南南方），至元二十二年（1285年）三月曾遣太史监候张公礼、彭质等往占城测候日晷。这27所测景所，现在只有河南阳城测景所还保存着，它在今河南登封东南15公里的告成镇（即古阳城）。郭守敬和一批监候官分道外出观测，他自己还亲历河南府（即阳城）、南海（即占城）进行实测。他们在测定黄赤大距和恒星观察等方面，取得了丰富的成果。

郭守敬、王恂等人经过四五年的努力，在科学观测的基础上获得了第一手资料，并参考累代历法，终于编出了新的历法，取“敬授民时”之意，定名为《授时历》，于至元十八年（1281 年）开始使用。

回回历法。1219 年，成吉思汗发动西征，耶律楚材随成吉思汗到中亚。1220 年 5 月，蒙古军进驻塔实干（今乌兹别克斯坦塔什干）时，耶律楚材始有机会与中亚回回天文学家切磋天文学，他在五月望校食亏，觉有差数，于是引进回历中朴素的地球经度的概念，以寻斯干（今乌兹别克斯坦撒马尔罕）为准，按经纬度不同，以差距乘 4359，取得里差，用来加减经朔弦望小余，耶律楚材在吸取西域历法中经纬度的概念，提出了“里差”法，并以此编订了一部新的历法《西征庚午元历》进献成吉思汗。第二年，耶律楚材继续钻研回回历法，他认为回回天文学推算五星运行方位的方法，比汉历准确，于是引进西域历法，又编订新法——《麻答把历》。“麻”系指伊斯兰教的创始人穆罕默德（时译“摩诃末”），“答把”系阿拉伯语历书的汉译（即明时所译“土板”“土盘”）。由此可见，《麻答把历》显然是一部回回历法书。

元世祖忽必烈在即位前注意延揽回回天文学者，即位后便着手建立专门的回回天文机构。中统四年（1263 年），命叙利亚人、基督教徒爱薛掌西域星历司。至元八年（1271 年），于上都创建回回司天台（又称北台、北司天台等），命不花剌人札马鲁丁为司天台提点。十七年，置行监。皇庆元年（1312 年）改回回司天监，秩正四品，设官 13 人，属员 24 人。高级官员有回回司天监、少监和监丞等。元代在天文机构的设置上实行双轨制，即在为回回天算家设立机构之前和同时，也为汉人天算家设立了另一套天文机构。值得注意的是，两套机构和品秩相当，即使元政府在对其调整的时候，也大致保持了这种一致。

至元四年（1267 年）以札马鲁丁名义进献了《万年历》和 7 种天文仪器。忽必烈曾颁行《万年历》，但至元十八年《授时历》出台后，《万年历》即被废止，后又失传。

此外，为了适应伊斯兰教宗教生活的需要，元代还编制伊斯兰教历，即《回回历》。至元十五年（1278 年），正值《万年历》颁行期间，忽必烈之子、虔诚的伊斯兰教徒安西王忙哥剌，要可马束丁“须每岁推算写造”《回回历日》（即《回回历》），说明这种历法不同于《万年历》，而是纯阴历的伊斯兰教历。这种《回回历》一度曾是元朝邮驿兵种急递铺兵的必备之物。

2. 数学

李治、杨辉、朱世杰的数学成就。宋元时期，我国古代数学取得了巨大成就。宋代秦九韶与元人李治、杨辉、朱世杰被誉为宋元四大数学家。

李治（1192—1279），字仁卿，真定栾城（今属河北）

人。登金进士第，金亡，流落山西民间，忽必烈在潜邸时曾召之询问治道，即位后召充学士，期月而以老病辞去。著有《测圆海镜》12卷、《益古演段》3卷。《测圆海镜》是系统论述“天元术”的著作。天元术发明于金代，是用方程式求得未知数的算法。《益古演段》由平阳人蒋周所著《益古集》一书改写而成，是初学“天元”的读本。

杨辉，字谦光，宋元之际钱塘人，生平事迹不详。著有《详解九章算法》12卷、《日用算法》2卷、《杨辉算法》7卷。以汉代《九章算术》为代表的中国古代数学体系，其内容包括算术、代数、几何等方面，杨氏之书不仅是对《九章算术》的详解，而且详述“算法通变本末”，介绍了中国古代数学的发展过程及其成就，保存了大量古代数学著作的精华，故《四库全书总目》在《杨氏算法》提要中说：“与秦九韶《数学九章》并为习算术者之所宜究心者也。”

朱世杰，字汉卿，号松庭，寓居大都。著有《算学启蒙》3卷、《四元玉鉴》3卷，前者是从乘除运算直到开方、天元术的数学启蒙教科书；后者总结宋元数学四元术（四元高次方程组）及消元解法，刊出高阶等差级数的内插公式。

郭守敬的数学创新。郭守敬、王恂编制《授时历》时，在计算方法上有重大创新。第一，自隋代刘焯以来，中国天文学家使用二次差内插法来计算日、月等各种非匀速的天体运动，但不够精确。郭守敬、王恂发明了招差法，用高次差的内插公式解决了这一难题。这种利用累次差数求积的计算方法，欧洲到17世纪下半叶才开始创立。第二，《授时历》采用弧矢割圆术，将各种球面上的弧段投射到某个平面上，利用传统的勾股公式，由线段反求出弧段长股关系。再利用宋代科学家沈括发明的会圆术公式，由线段反求出弧段长股关系，其原理与今天的球面三角学公式是一致的。这也是郭守敬、王恂在数学上的重要贡献。

西方数学的传入。元王士点、商企翁在《秘书监志》中记载了上部回回司天台中所藏的回回数学典籍有《呵些必牙诸般算法》8部、《撒非那诸般法度纂要》12部、《撒唯那·罕答昔牙诸般算法段目仪式》17部、《兀忽烈的四劈算法段数》15部。上述第4种，即为古希腊欧几里得《几何原本》的阿拉伯文本。另外，还有数学用具"拍儿可儿谭定方圆尽"（圆轨）。

回回数学传入后，对中国传统数学产生了很大影响。一是引进了阿拉伯数码。1956年西安市郊元代安西王遗址出土了5块铁板，上有使用东方阿拉伯数码刻画的6行纵横图（幻方）。1980年上海浦东陆家嘴也出土过一些玉质佩挂幻方，数码和西安相似。二是引进了60进位制。它是随着回回历法一同传入的。在今存世的各种回历版本中，都可以看到1度60分、1分60秒、1秒60微、1微

60纤等60进位制换算法。

除上述几项外，有人认为传入的回回数学尚有弧矢割圆术和写算铺地锦等。前者是指将圆弧线段化成弦、矢等直线段的计算方法。在这样的计算中，要使用若干与球面三角相合的公式。代表元代中国历算学最高成就的《授时历》，其成功之处就是最大限度地采用了一些以前中国天文学计算中从未使用过的数学方法，其中弧矢割圆术（球面三角法）是当时阿拉伯数学的重要内容，故国内外许多学者认为弧矢割圆术源自阿拉伯。但也有人否定此说。

3. 地理学

《元一统志》的编纂。元朝建立后，全国出现了空前大统一的局面。由于全国行政区域的变更，路府州县的名称也多有更改，加上连年战争，各郡邑的图志也残缺不全，因此客观上极需一部全国性的地理著作。

至元二十二年（1285年），元世祖命札马鲁丁、虞应龙等开始编纂《元一统志》，三十一年书成。以后又陆续得到《云南图志》《甘肃图志》《辽阳图志》，因而倡议重修，由孛兰肸、岳铉主其事，元成宗大德七年（1303年）书成，凡1300卷，定名为《大元大一统志》。

书中关于各路各州各县史迹，继承唐《元和郡县图志》、宋《太平寰宇记》《舆地纪胜》等书成例，归纳为建置沿革、坊郭乡镇、里至、山川、土产、风俗形势、古迹、宦迹、人物、仙释等部分。所引资料，凡大江以南各行省大半取材于《舆地纪胜》和宋、元旧志，北方等省则取材于《元和郡县图志》《太平寰宇记》和金、元旧志者居多。边远地区的材料则依靠当时新编的《云南图志》《甘肃图志》《辽阳图志》等。由于此书保存了宋、金、元旧志中的许多材料，在学术上有很大价值。

《元一统志》所引事迹，如叙大都寺观之壮丽，古迹之纷繁，多他书所未见。延安路鄜州石脂、石油等条，可补沈括《梦溪笔谈》之遗。延安路范雍、计用章、庞籍、狄青、韩琦、薛奎、王温恭、夏安期、李师中、李若谷、王庶等人事迹均出《宋史》，但与今本《宋史》多不合，这是因为《元一统志》所据的是元初纂修的《宋史》，与元末脱脱纂修《宋史》不同。这对于研究历史、考古、地质、地理等都是极好的材料。

河源的探索。元朝以前，由于边区交通的阻塞，对于黄河发源地的探索，都没有获得圆满的结果。汉代张骞出使西域，唐代薛元鼎出使吐蕃，均未到达河源，他们的记载也是不完全的。元朝统一全国后，中央政府对边区的管理大大加强，所在都设有驿站，交通较为便利，因而为河源的探索创造了有利条件。

至元十七年（1280年），元世祖命都实为招讨使，佩虎金符探求河源。都实，女真蒲察氏，通多种民族语言。凡三至吐蕃，寻求河源所在，且开辟航道，制造船只，筹建城镇。忽必烈的这一大胆想法，显示了当时开发西北、全国经济一体化的伟大构想。都实的考察，后来由潘昂霄撰成《河源志》。

朱思本也从梵文图志翻译了关于河源的记载，两本互有详略。《河源志》记载："河源在土蕃朵甘思西鄙，有泉百余泓，沮洳散涣，弗可逼视，方可七八十里。履高山下瞰，灿若列星，以故名火敦脑儿。'火敦'译言星宿也"。

朱思本的《舆地图》。中国地图制作的画方之法，始自魏晋间的裴秀，唐代的贾耽也采用了裴秀的制图法。到了元代的朱思本，又重振画方之法，这是裴秀、贾耽以后，中国地图史上划时代的人物。

朱思本（1273—1333），字本初，号贞一，临川人。他是江西信州龙虎山的道士。龙虎山是道教正一教派的中心。大德三年（1299 年），他奉命至大都，协助玄教大宗师张留孙、吴全节处理道教事务。到武宗、仁宗朝时，朱思本奉命代天子祭祀五岳四渎等名山大川，与此同时，中朝大夫还交给他编绘地图的任务，这一任务与朱思本试图重绘新图以纠正前人地图的错误的想法正合。从此，他得到了依靠中央有关部门和地方政府机构查阅地理资料和地方档案、方志等资料的方便；同时，询访当地父老、进行实地考察获得的第一手资料。通过近 20 年的努力，足迹遍及今华北、华东、中南地区。其绘制《舆地图》，图长广 7 尺，由于地图太大，不便刻成书本式样，现在失传了。幸好明代罗洪先曾据以增广，绘成《广舆图》，所以今天仍可在《广舆图》上看到《舆地图》的面貌。

4. 农书

《农桑辑要》。元世祖于至元七年（1270年）设司农司，专管农桑水利，派遣劝农官巡行郡邑，察举农事，并将情况通报户部，据以考核地方官的治绩。司农司为了推广当时先进的耕作技术，使农户掌握节气，就遍求古今所有农家书籍，披阅参考，删其烦琐，择其切要，于至元十年（1273年）编成《农桑辑要》一书。这部农书总结了13世纪以前我国农业耕作的经验，在推广和传播先进农业经验上起了一定的作用。

《农桑辑要》和《齐民要术》相比，除桑、蚕增加了大量材料外，新添了许多作物种类和栽培法。原有的野生植物，如茼蒿、百合、薄荷等成了栽培对象，为在长江流域或长江以南的植物，如苎麻、茶、橙、橘、甘蔗等逐渐向华北平原扩展；尤其是木棉的输入和栽培更值得注意。书中不仅介绍了关于木棉的种子和栽培技术，而且还记录了脱花去子和捻纺的加工技术。这些都说明了公元6至13世纪末我国植物栽培的进展情况，反映了我国劳动人民在生产斗争中取得的巨大成就。

《农桑辑要》也为研究古代农书提供了宝贵资料。这本书大部分材料都是从其他农书中辑出的。除《齐民要术》外，还有《务本新书》《士农必用》《四时类要》《韩氏直说》《种莳直说》《博闻录》《蚕桑直说》《农桑要指》《岁时广记》等，这些书后来都已散失，《农桑辑要》在引用这些书时都注明出处，因而保存了其中的一部分。

《农桑辑要》还流传国外。近邻高丽国就采用了《农桑辑要》中收谷种法、春夏两季种红花法。15世纪初，高丽艺文馆大提学李行于《农桑辑要》内抽出养蚕方，自为经验，所收倍常，把此方刊版于世。后来高丽政府怕民间不懂华语，又命议政府舍人郭存中以本国俚语逐节夹注，刻版广布。

王祯《农书》。王祯，字伯善，东平（今属山东）人。曾任旌德、永丰县尹。《农书》22卷，撰成于皇庆二年（1313年）。王祯之前中国虽然有许多很有价值的农书，但历时已久或只适用于局部地区。如后魏贾思勰的《齐民要术》主要限于黄河中下游，南宋陈敷《农书》主要限于江浙一带，《农桑辑要》主要是北方地区，王祯《农书》则兼顾南北，是我国第一部对全国范围内农业作系统研究的农书。

《农书》分3大部分：第一部分《农桑通诀》，总论农业历史、耕垦、播种、锄治、粪壤、灌溉、收获，以及植树、畜牧、蚕缫等；第二部分《百谷谱》，分别叙述各种农作物、蔬菜、瓜果、竹木等种植培养法；第三部分《农器图谱》，是《农书》中最有创造性的部分，绘出各种农具和农业机械图 306 幅，又分 20 门，每门冠以简要的论述，每门下又分若干项，每项又有一幅或几幅写生图，每幅图后都有一段文字说明，描写这项农器的构造、来源、演变及用法。

王祯《农书》是一部有独到见解的农书。首先，书中贯穿了“天时不如地利，地利不如人事”的思想。王祯认为，只要“不违农时”，适时播种，选择适宜于环境的作物，选择良种，及时施肥，改造土壤，兴修水利，是可以克服天灾而夺得丰收的；第二，注意总结劳动人民的生产经验，特别是改进农具的经验。书中总结了 14 世纪初在我国出现的大量新式农具，如耧锄、耘耥、牛转翻车等，对于提高当时的农业生产率是很有现实意义的；第三，注意推广劳动人民的生产经验，例如，木棉的种植在元初得到了推广，但有些地方虽然种植了，却因“不得其法”，收成不佳，于是有人以“风土不宜为说”，对能否推广表示怀疑，王祯则在《农书》中对木棉栽种法作了全面介绍；第四，王祯在《农书》中除了创造性地绘制许多农具外，还把里躔、季节、物候、农业生产程序，灵活而紧凑地联成一体，把“农家月令”的要点，全部集中总结在一幅小小的《授时指掌活法之图》中，既实用，又方便；第五，《农书》不是一部纯技术的著作，它表露了作者对劳动人民具有一定的同情心。王祯指出：“今夫在上者，不知衣食之所自，唯以骄奢为事，不思己之日用，寸丝口饭，皆出于野夫田妇之手，甚者苛敛不已，朘削脂膏以肥己。”

《农桑衣食撮要》。农学家鲁明善，以父鲁字为氏，名铁柱，字明善。这本书是他在安丰路任肃政廉访司官员时撰写的。元制，肃政廉访司兼劝农事，鲁明善利用工作条件，对江淮地区农业情况作了许多调查和了解，对以往的农书进行了研究，终于正式出版了《农桑衣食撮要》。

《农桑衣食撮要》直接继承东汉崔寔的《四民月令》的体制，以农家的月计划为主体。因为元世祖忽必烈所颁布的《农桑辑要》对于岁月杂事仅列为卷末一篇，《农桑衣食撮要》正好补其不足。该书共分十二月令，按月记载农事操作和准备，不少内容适合江淮、江南地区，如四月“做笋干，卖新笋”，八月“取漆”，十二月“收鳜鱼”。作者还搜集了一些民间谚语，如“移树无时，莫叫树知；多留宿土，记取南枝”“十耕萝卜九耕麻”等，作为经验介绍给农户。由于鲁明善对于农村生活很熟悉，书中对收藏蔬菜、制作酱菜、饲养家畜家禽等介绍得很详细，且文字通俗，简明扼要，讲求实际，从内容到文字都对一般小农（包括自农和佃户）特别有用。

5. 水利学和水利技术

水利著作。元代的水利著作甚多。王祯、赡思、欧阳玄、任仁发等都有专门论述，他们的著作反映了元朝时我国水利科学的进步。

王祯《农书》不仅是一部农学著作，也是一部水利科学著作。王祯认为，我国水力资源十分丰富，充分利用这些资源，对农业、对国家都极为有利，“灌溉之事，为农务之大本，国家之远利”。王祯在《农书》中，对当时江南的农田水利的灌溉方式进行了系统的总结，把它分成两大类：一类是自流灌溉（水源高于耕地），以修陂塘蓄水为主；一类是机械灌溉（水源低于耕地），用翻车、筒轮、戽斗、水车等机械，或用打井等解决。另外，《农书》对圩田、围田等也有介绍。

回回人赡思，自幼“博极群籍”，不仅钻研经学、文史，而且精通水利、天文、地理、算数等。他把宋人沈立的《河防通议》和金朝都水监的《河防通议》两本书“合之为一，削去冗长，考订舛讹，省其门，析其类，使粗有条贯，以便观览，而资实用”。至正年间，黄河决堤，诏他参加议论治河的方案。赡思还有不少地理著作，见于书目的有《镇阳风土记》《续东阳志》《西国图经》等。

由于元朝统治者对太湖水利“废而不治”，松江人任仁发著《浙西水利议答录》上奏朝廷，对吴淞江淤塞原因及浙西治水方法提出见解，提出了“浚河港必深阔，筑围岸必高厚，置闸窦必多广”的治水之法。值得注意的是，任仁发还大胆批评了朝廷治河不力。继任仁发之后，海宁人周文英也著《论三吴水利》一文，提出“掣淞入浏”之说，以解决浙西农田遇涝问题。后来张士诚据吴，得其说，遂浚白茅、盐铁诸塘。

东明（今属山东）人李好文，至正年间出任陕西行台治书，后著《长安志图》3卷。文中提出了泾渠灌溉用水管理和分配的原则，即以渠水所能灌田的多少为总数，分别到每年参加维修渠道的丁夫户田。为做到分配合理，文中提出了初步的流量概念："水头深广方一尺谓之一徼。假令渠道上广一丈四尺，下广一丈，上下相折则为一丈二尺，水深一丈，计积一百二十尺，为水一百二十徼。"由此可见，"水头"即过水断面面积，"水徼"即计量单位，指一平方尺的过水断面。再与时间相联系，即为流量。

水利技术。元代大小不等的水利工程很多，但规模最大、影响深远以及水利技术运用最成功的当推开凿大运河和治河工程。

会通、通惠两段运河只占整个大运河的十分之一强，但地形复杂，工程十分艰巨。会通河地处今山东境内的临清、东平之间，两端低、中间高，形成了中间一段越岭的河道，再加上引用汶水水源处理不当，造成岸窄水浅，给通航带来了一定的困难；通惠河的水源来自昌下白浮泉，迂回曲折，以拦截各处山泉，又可使河床较平缓，但自大都至通州，由于地貌变化造成了较大的水位落差。为了解决会通、通惠两河船只上下陂通航的困难，运河的修凿者利用宋代复式船闸技术，发展为梯级船闸，解决了通航的困难。

会通河共长250里，造船闸13座，从临清至聊城闸距为150里，自聊城至荆门南闸闸距不足10里。船闸一般高1丈1尺。船闸建筑具有很高的水平，每座船闸都动用了大批人力、物力，如重建济州会源闸就用石工160人、木工10人、金工土工各5人、杂工1420人，用大木料1万余根、大块石5000余块、铁2万斤、石灰300多万斤。通惠河的船闸是著名天文学家、水利学家郭守敬设计制造的，共有船闸10座。此外，安山至济州有闸4座，济州至沛县又陆续修筑了14座。这些船闸的修建，通过闸的启闭，起了调整两闸中间部分水位的作用，保证了各段运河的基本通航条件，同时又为开辟越岭运道提供了经验，对人工运河事业的发展做出了贡献。

据《至正河防记》，贾鲁治河自至正十一年（1351年）四月二十二日开工，至十一月十一日合龙，前后计190余天，动用人力17万，合计用工约3800万，疏浚河道280多里，堵塞大小决口107处、总长达3里多，修筑堤防上自曹县下至徐州计770里。工程之大，是我国治河史所罕见的。贾鲁之所以取得成功，这是与他经过实地考察后产生的正确方案分不开的，这就是疏、塞并举，先疏后塞，然后挽河东行，使复故道。所谓疏，就是把淤塞的故道疏通；所谓塞，就是把白茅决口堵塞住；先疏后塞，就是先完成工程量最大的故道疏浚，避免灌水后成为水下作业。疏浚工程完成后，贾鲁创造了石船堤障水法：用大船 27 艘组成 3 道船堤，每堤九艘，用铁锚固定船身，并使 3 船堤连为一体，船腹略铺散草，满装石子，同时下沉，船堤上再加草埽 3 道。在堵塞合龙时，因水势过大，冲撼埽基，情况十分危急。贾鲁神色不动，指挥十余万民工奋力搏斗，终于于十一月十一日合龙，所决北河逐渐绝流，故道复通，治河取得成功。

6. 医药学和营养学

医药学。元代的医药学，在中国传统医学学说的发展上，在医院的组织规模上，以及吸取阿拉伯医学成果上，都具有突出的成绩。

我国医学史上有金元四大家之说。刘完素用药主寒凉，张从正主攻伐，李杲主补土，朱震亨主养阴。刘、张为金代人，李主要活动在大蒙古时期，朱是元代人。元代其他著名的医学家还有危亦林、滑寿、葛乾孙、王好古、许国桢等。

在内科方面，对伤寒的研究成绩最为卓著。李杲（1180—1251），字明之，真定人，尤长于医治伤寒、痈疽、眼目病。他幼年就学于金代名医张元素（字洁古），主张古方不能治今病之说，用药多有创新。著作有《伤寒会要》（已佚）、《脾胃论》等。王好古所撰《此事难知》，记有李杲《伤寒会要》的梗概。朱震亨（1281—1358），字彦修，学者尊为丹溪翁，义乌人，从刘完素门徒罗知悌学医，精于伤寒、肺痨、妇科等。他认为“操古方以治今病，其势不能以尽合”，主张“推陈致新”，治疗以养阴为主。著有《格致全论》《局方发挥》《伤寒辨疑》《本草衍义补遗》《外科精要新论》等书。其中《局方发挥》，力辟“局方”湿燥之弊，《本草衍义补遗》对本草学做出了新贡献。朱震亨还研制了越鞠丸、太补阴丸、琼玉膏等方剂，至今仍为中医常用药方。葛乾孙（1305—1353），字可久，平江（今江苏苏州）人，精于医治肺痨，著《十药神书》，有止血、止咳祛痰等十种验方，对治劳损吐血颇有功效。回回人萨德弥实，字谦斋，泰定年间曾任建昌州（治今江西永修西北）知州。在职期间，他收集考订名医药方，著《瑞竹堂经验方》15 卷。

在外科方面，著名外科医生危亦林（1277—1347）在麻醉和骨折复位手术上有很大贡献。危亦林，字达斋，南丰（今属江西）人，他集五代祖传医方，著《世医得效方》19 卷。其中关于麻醉药物的使用记录，是世界上最早的全身麻醉的记载，所用麻药草乌散等，是以洋金花（曼陀罗花）、乌头等药为主配成的。他在治疗骨折、脱臼，特别是脊柱骨折方面达到了很高的水平。他的悬吊复位法和运大桑树皮固定等方法，与现代整复手术和石膏固定法的基本原理是一致的。齐德之的《外科精义》，综合了当时 30 多家外科著作的成就，反映了元代中医外科方面的成就。

在针灸学方面，则以滑寿最著名。滑寿，字伯仁，号樱宁生，祖籍襄城（今属河南），曾就学于东平高洞阳。著《十四经发挥》3卷，对十四经穴循行部位、所主病症和奇经八脉均作了专题论述。

随着医学的发展，元代医学分科比前代更细，计有13科：大方脉科、杂医科、小方脉科、风科、产科兼妇人杂病科、眼科、口齿兼咽喉科、正骨兼金镞科、疮肿科、针灸科、祝由科。而金代只分10科。

营养学。回回人忽思慧自延祐中任饮膳太医，于天历三年（1330年）编成《饮膳正要》一书。该书共3卷，对饮食卫生、妊娠育婴、食品营养、疾病治疗、植物品种等很有研究。如饮食卫生方面，他主张“先饥而食，食勿令饱；先渴而饮，饮勿令过；食欲数而少，不欲顿而多。益饱中饥，饥中饱；饱则伤肺，饥则伤气；若食饱不得便卧，即生百病”，是很符合科学道理的。食品营养方面也很讲究，他吸收了汉、蒙、回回、女真等族人的饮食经验，总结出了许多菜谱。书中还介绍了许多植物品种，对了解元代植物栽培情况和来自中亚、西域的植物品种在中国传布情况很有帮助，如香料“马思答吉”（乳香）在中国书本上还是第一次提到。所以，《饮膳正要》对于研究中国古代的植物学、营养学、饮食史很有价值。

《**回回药方**》。由于大量阿拉伯、波斯医书和方剂、药物的引入，大批回回医生经过长期实践后，一种继承阿拉伯、波斯医学传统和吸收其他体系医疗技术后形成的中国穆斯林医学——回回医学，在元代出现了。回回医学中最主要的成果是《回回药方》。《回回药方》成书于元末或明初，作者佚名。它的成书，标志着回回医学发展到体系化、完整化的阶段。

《回回药方》原书36卷，现仅剩明代红格抄本的残本，从目录来看，《回回药方》是一部体系完整的大型医方书，内容包括内、外、妇、儿、五官各科。其医疗方法和诊断水平相当高，如现存第34卷，分金疮、折伤等门，在折伤门中又分伤损类、接骨类、骨脱出类等，论述详尽。诊断时十分仔细，如伤损，观察“伤损的动静”分为十等；对于接骨，包括“骨损折的动静”“碎骨在肉内”的诊断，接骨、移骨的总结法，以及因损伤、接骨错误需要重新整复的手法等。在骨脱出类下，对两骨脱出，以及项圈骨、肩骨、肘骨、手腕、手指骨节、脊梁骨、腰下、大腿、膝骨、足踝骨等处脱节，均有论述。

《回回药方》系多种阿拉伯、波斯的古医书、古方剂编辑而成，并加以诠注。全书以汉文表达，杂有大量的外国药名、术语、人名、方剂名的汉字音译，附有诸多波斯文、阿拉伯文以及元明年间中国回回医学专门的回回文。书中所载580余帖方剂，全系域外方子，不夹有任何传统的中医方剂。其排列方法与阿拉伯医学名著《圣济总录》

的门、类同。方剂的内容有以古希伯来人的先知“忽儿木思”为名的方剂，有古希腊哲学家亚里士多德开给亚历山大大帝的散剂，并有以诸位古希腊、罗马、波斯、拜占庭及黑衣大食的医生和国王的名字命名的方剂；相当多的医方转译自阿拉伯的医学名著，如麦朱西的《医术大全》和阿维森纳的《医典》。书中有数百种产自古代阿拉伯、波斯、印度、希腊、罗马和中亚地区的药物名称；也有一些中药名，在外来药物名称之下，附以中药名称，如阿而马尼即五倍子，咱法兰即番栀子花蕊，哈里哈达即枯红矾，木黑里即安息香，撒答卜子即薄荷子，法体刺撒里荣即当归，突鲁必即柴胡。药物的制剂，内服药有锭子、凉药、煎、井子、油剂等，外用药有熏、洗、炙、榻、贴、膏等。

7. 工程技术

印刷术。自从隋唐时期中国发明了雕版印刷术后，到北宋时平民毕昇又发明了活字印刷。元代则在这个基础上，由著名农学家王祯制作了木活字并发明了转轮排字法。

毕昇所创活字，是用胶泥刻字烧硬后印刷的，元代又有用铸锡做字，这两种办法“难于使墨，率多印坏，所以不能久行”，为了克服上述缺点，王祯用木活字代替。他用这种办法在旌德县首先试行，花了两年时间刻制活字，只用了1个月的时间就印出100部6万字的《旌德县志》。

为了减轻排字工人的劳动强度，王祯还发明了转轮排字法。用轻质木料做成类似圆桌面的大轮盘，直径7尺左右，轮轴高3尺左右，活字按韵依次编好号码，另一轮盘则放常用字。再备两本册子，依照轮盘上的活字韵法号码次序登录。排版时，一人执韵法号码叫号，另一人坐在两个架轮盘之间，依号码拣出活字，放进盔盘。排字工人“左右俱可推转摘字”，如字韵内无字，则随即由刻字工人补刻添补。王祯说：“以人寻字则难，以字就人则易。”因而大大提高了工效，又大大减轻了工人劳动强度。

火炮技术。火药是一种威力很大的杀伤武器。宋代已有了抛石机，即运用杠杆原理将火药包抛射出去；还有用竹筒装火药和子窠的突火枪，这是管形火器的开始。金人则有“震天雷”“飞火枪”。到了元代，这种形式的火器都有了发展。西域人亦思马因所献的“回回炮”，其原理与抛石机相同；而火铳的发明，则是世界上第一次出现的金属管火炮。

火铳的原理与突火枪的原理是同样的，不过火铳是用金属做筒，射程远，火力猛，能承受更大的气压。突火枪是用火药放进竹筒内，点燃后将火药喷射出去；火铳则把火药做成弹丸，利用气压把它射向远方，威力极大。现存世界上最早的两尊火铳，一尊是至顺三年（1332年）所造，铜质，长35.3厘米，口径10.5厘米，铳身较粗，可以发射大型弹丸，适合于攻城破坚；另一尊是至正十一年（1351年）所造，铜质，长43.5厘米，口径3厘米，是一种远程炮，用的弹丸较小。这两尊铜火铳制作精细，冶铸要求高，用途各不相同，所用弹丸有大有小，说明当时已能根据不同需要制作不同型号的火铳，也能根据不同的要求配制大小不等的弹丸。

火铳发明后，元朝官办手工业局制造很多，而且很快用于实战。至正二十四年（1364年），达礼麻识理为抵御孛罗帖木儿进攻上都（今内蒙古正蓝旗东），将“火铳什伍相联，一旦布列铁旛竿山下”，对敌军威胁很大。

造船术和航海术。元代的海船极大，1975年在韩国木浦附近海底发现的元代海船，有一支四尖叉的锚，长7英尺半，重700磅，船长约95英尺，宽25英尺；全船分为12间船舱，载重达四五百吨。马可·波罗返国时所乘的中国海船，用松木和杉木制造，船室有60个；甲板下的船舱用厚板隔之，分为13间货仓，这种水密隔舱设计，既可加固船体，船身损坏时也不致沉船；船尾有1舵，船上有4桅和4帆，无风时用橹，橹极大，用4人操作。船上有水手二三百人。另有2小船系大船之后，每小船有船夫四五十人。其制作方法，马可·波罗说：船用好铁钉结合，船底另加两层厚板，用一种特殊材料黏合，然后用麻及桐油掺和涂壁，绝不透水。这种船舶每年修理一次，加厚板一层，直至加到六层厚时为止。船两旁用大竹帮夹，以保持航行时稳定。船上有大铁锚，重数百斤，下有四爪。船型主要有平底和尖底两种。平底船能坐滩，不怕搁浅，稳定性大，比较安全，吃水浅，阻力小，装载量大。尖底船多用作战舰。

元代的航海技术也达到了很高的水平。航海天文、航海气象和指南针的运用都超过了前代。马可·波罗回国时乘坐的中国海船就有北极星高度的记录，可见当时中国水手已掌握了牵星术。牵星术是用观测星的高度来定纬度，以掌握航线。这种方法到明初郑和下西洋时已广泛使用，“往返牵星为记”。在航海气象方面，中国水手熟练地掌握了海上季风（信风）规律，去东南亚、南亚及以远地区，“遇冬汛北风发舶，次年夏汛南风回帆”。去高丽、日本则正好相反。指南针应用于海船始于宋，元代更加普遍，而且越来越体会到它的重要性，把它看成是“人之命脉所系”。元代指南针的名称很多，有“行丁未针”“行坤申针”“子午针”等。海船上的舵师和梢工积累了相当丰富的航海知识，“万里海洋，渺无际涯，阴晴风雨，出于不测，惟凭针路定向行船，仰观天象，以卜明晦”。他们把航海气象知识和指南针的运用结合在一起，安全地行驶在茫茫的大海上。有的船工还把航海知识编成歌诀，如关于潮汛的“前月起水二十五，二十八日大汛至，次月初五是下岸，潮汛不曾差今古，次月初十是起水，十三大汛必然理，二十还逢下岸潮，只隔七日循环尔”；关于行船的

“迟了一潮搭一汛，挫了一线隔一山；十日滩头坐，一日过九滩”。由于航海技术的提高，元末航海家汪大渊曾远航亚洲各地和非洲东海岸。

四、宗教信仰和生活习俗

1. 佛教

元朝统治者崇尚藏传佛教。藏传佛教俗称喇嘛教，形成于10世纪下半期。藏传佛教受密教的影响极深，同时又在一定程度上融合或吸收了产生于吐蕃教的某些成分。元代的藏传佛教主要有萨斯迦、噶举、噶当、宁玛等派。自1244年，萨斯迦·班智达奉蒙古阔端太子之召归顺蒙古后，藏传佛教就传入蒙古。后来班智达之侄八思巴谒见忽必烈，藏传佛教备受崇敬。到后期，噶举派起而代之，其势力在吐蕃地区占据上风。帝师领宣政院事，不但是吐蕃地区的政、教首领，而且是全国佛教的最高统领。帝师的法旨行于全国各地僧寺。帝师而外，元廷还封若干“西番僧”为国师。建藩于云南等地的诸王，也往往到吐蕃延请僧人以为“王师”。出身唐兀族的吐蕃僧人杨琏真加，曾总摄江南诸路释教。见于记载的云南诸路教都总统节思朵、积律速南巴等人，都是吐蕃人。

元朝佛教各派中，吐蕃佛教在朝廷的地位最高，但最为流行的仍是禅宗；同时，从佛教派生的白云宗、白莲教等教团，在南方也拥有越来越多的信徒。

在内地流行的佛教，基本上是从宋、金流传下来的各派，分为禅（即禅宗）、教（指天台、法相，或称唯识、贤首，或称华严等宗）、律（即律宗）三大派，由于禅宗在民间流行甚广，教、律二家逐渐逊色。在南北各地，最为流行的仍然是禅宗中的曹洞和临济两家。

禅宗为唐前期慧能所创，提倡心性本净，佛性本有，见性成佛。以后流张繁多，所谓“五家七宗”，五家即沩仰、临济、曹洞、云门、法眼。曹洞宗是以曹山和洞山合而名宗的，曹指曹山本寂，是弟子；洞指洞山良价，是老师，形成于晚唐。临济宗是晚唐义玄所创，因义玄居镇州（今河北正宗）临济院而得名。

曹洞宗在元初北方势力较大。万松行秀（1166—1246），俗姓蔡，解州解县人。曾在河北各地参访、游学，成吉思汗曾召见过他。住持燕京万寿寺，晚年退居从容庵，号“万松老人”。著述甚富，有《祖灯录》《从容庵录》《辨宗论》等，对举扬曹洞宗风有很大作用。他与耶律楚材交谊很深，耶律楚材曾追随他学禅。行秀弟子福裕（1203—1275），后来在西京主持少林寺。福裕一系，是元代曹洞宗的主要继承者之一。

临济宗的传播最广。北方的临济宗，以海云印简（1202—1257）一系最有名。1214 年，蒙古军攻占宁远

（今山西五寨北），海云曾见过成吉思汗。1219 年，成吉思汗西征时曾传诏，命海云及其师中观统汉地僧人，免其差发。1242 年，海云又北觐忽必烈，说佛法大意。海云最著名的弟子有西云安和刘秉忠，后者是世祖忽必烈的重要谋士。因而到武宗至大二年（1309 年）时，这一派被元廷封为“临济正宗”。南方的临济宗，宋元之际亦始大盛。雪岩祖钦（？—1287）、高峰原妙（1238—1295）、中峰明本（1263—1323）师徒相继，阐扬宗风。这三人是有元一代禅僧的代表人物。

白云宗和白莲教都源出于净土宗，在元代拥有不小的势力。白云宗是北宋末由洛阳宝应寺僧孔清觉（1042—1121）在杭州白云庵发起的教团，提倡素食念佛，所以称白云宗。他们奉《华严经》，立四果十地论，摈妻子，禁荤酒，援引天台教义，攻击禅宗，在宋代一直被当作异端而受到禁止。入元以后，白云宗为政府承认，得以公开活动，势力发展很快。其中心在杭州南山普宁寺。仁宗年间，因该宗总摄沈明仁私赂近侍，肆行奸利，侵夺民田，于延祐七年（1320 年）复被官方作为邪教取缔，此后一直在民间流行。白莲教亦产生于南宋初年，元时大有发展，并成为组织和发动农民起义的工具。

至元初，元政府设总制院管理全国释教事务，至元二十五年（1288 年）改称宣政院。在江南地区，立江南行宣政院，此后，江南行宣政院迭经废置。地方上的僧官有僧录、正副都纲、僧正等，一般由政府任命僧人担任。度牒出家须由官府批准，实际上私度僧尼也很普遍。据宣政院统计，至元二十八年（1291 年）时，全国寺院达 42318 所，经过登记的僧尼达 213148 人。

2. 道教

宋室南迁后，在北方活动的道教，主要是太一、大道（宪宗蒙哥时期改名为真大）、全真等新创诸派以及浑元教等。金末元初，全真道及时投效蒙古统治集团，因而后来居上，获得了比太一、大道诸教以及佛教、儒学等远为优越的地位。而当时的南方，仍为正一教。

全真教系金人王喆所创。1219 年，成吉思汗在西域，遣使召丘处机西觐。次年，丘处机率弟子 18 人西行。1222 年 4 月至大雪山（今阿富汗、巴基斯坦境兴都库什山）行营，觐见成吉思汗。成吉思汗接见时问其长生之道，丘答以“清心寡欲为要”，并力劝成吉思汗戒杀戮、敬天爱民，受到礼遇。成吉思汗许汉地神仙门人并道观悉免差发。回到燕京后，丘处机利用大汗给予的特权，大肆扩展全真道势力，甚至改寺为观，抑僧为道，引起耶律楚材等的不满。丘处机死后，全真掌教尹志平（1169—1251）、李志常（1193—1256）在促成本宗的全盛方面起了很大作用。在他们的主持下，全真道进行了几项大规模的活动。其中包括为丘处机举行显耀的葬礼；大兴土木，广建宫观，乃至筑道院于和林；在终南祖庭会葬祖师王喆，并扩建重阳万寿宫；刊行道藏；在广度门徒的同时，竭力争取朝廷的信任和支持。丘处机西觐成吉思汗的详细经过，也靠随行的李志常著录成篇（即《长春真人西游记》），才得以流传至今。

真大道教系金初刘德仁所创，始名大道教，至金亡后，五传掌教郦希成改名真大道，又有直士教之称。该教主张“九戒”，去嗜欲，弃酒肉，勤耕种，艰难辛苦，自给衣食，为广大小农所接受。入元后，也受到朝廷礼遇。八传掌教岳德文死后，张清志归丧大都天宝宫，“丧毕潜遁”，数年后为徒众推举为教主。与他的同道相比，张清志是比较清高的。

忽必烈在潜邸时，曾传太一教四传掌教萧辅道至和林，留居宫邸，忽必烈之母唆鲁和帖尼别吉赐其号“中和仁靖真人”。五传掌教李居寿于至元十一年（1274 年）建太一宫于两京，领祠事，以继刘秉忠祀太一六丁之神。十三年，赐太一掌教宗师。李居寿还曾利用祀神之机，向忽必烈建言皇太子真金参决朝政。

正一天师自汉代以来即为张道陵后裔所世袭。后移居江西信州龙虎山。第 35 代正一天师张可大，南宋末年已受敕提举三山（龙虎山、阁皂山、茅山）符箓，忽必烈攻鄂时，他曾对来访的蒙古密使预言“后二十年当混一天下”。忽必烈灭南宋后，对可大之子、36 代天师张宗演倍加宠信，命其主领江南道教。此后，嗣位的历代正一天师，也都经过元廷的认可，受真人之号，袭掌江南道教事。成宗时，38代天师张与材又受封为正一教主，主领三山符箓。江南道教符箓各派遂正式归并于正一道门下，正一天师就是正一道的掌教。元廷仍许其住在龙虎山，不像北方三派掌教“必得在禁近”。

正一天师张宗演奉忽必烈之命北觐时，张留孙等从行，与北方的全真、真大等清修派别（太一道亦尚符箓）不同，正一诸派都持符箓念咒法，更容易得到蒙古贵族的信从。元廷选正一道士留住大都，诸人以“北方地高寒，皆不乐居中”。最后留下了奏对“称旨”的张留孙。张留孙以法术为皇室驱邪禳灾，渐受眷隆。至元二十五年（1288年），元廷以其预议掌管道教的集贤院事，实际上把他推上了南北道教诸派钦定盟长的席位。此后他主盟道坛30余年，受玄教大宗师印，视二品，领集贤院事，位大学士之上，进入元代品秩最高的道官之列。张留孙死后，至元年间由他荐入京师的吴全节继任玄教大宗师。吴全节深通儒术，在“学问典故”方面一直是张留孙的顾问。张留孙、吴全节与朝中许多较有地位的儒臣，保持着比较融洽的关系。除主盟道教外，他们亦经常利用自己的特殊身份与议国政。这个阶段，正一道对元廷的政治影响，似乎超过了全真等教派。吴全节死后，继任玄教大宗师的是其弟子夏文泳。

但元代道教的发展不是一帆风顺，其中也经过多次危机。宪宗蒙哥在位时期，发生了两次佛道辩论，全真道士两次遭到失败。其结果不但使道家的地位降至释家之下，而且也稍稍改变了全真道在北方道教诸派中一门独尊的状况。道家势力在世祖至元年间又经受了一次严重的打击。早在蒙哥时，元廷曾勒令道家归还被他们霸占的佛寺200余所。到至元十七年，“僧人复为征理”。据释家声言，全真教徒殴击僧徒，自焚廪舍，诬僧人纵火，声言焚米3900余石。这场官司仍以道家失败告终，全真道士被诛杀、劓刖、流放者达10余人。释家乘势要求朝廷追究曾经蒙哥禁断、但尚存于世的道家伪经。元廷遂于次年命释门诸僧、翰林院文臣偕正一天师张宗演、全真掌教祁志诚、大道掌教李德和等人，会集长春宫，考证道藏诸经真伪。释道论辩达数十日之久，结果除《道德经》外，其余道家经典悉被判为伪经。一概焚毁，并禁止醮祠，遣使晓谕诸路遵行。这次打击，祸及南方道流。不过，这一诏令并未完全执行。由于正一道人张留孙通过太子真金向忽必烈恳请，道经中之“不当焚者”或“醮、祈、禁、祝”等仪注皆得保存。忽必烈末年，撤销了对醮祠的禁令，“凡金箓科范不涉释言者，在所听为”。道教也稍稍有所恢复。

自蒙哥时起，全真、真大、太一等教门宗教领袖的掌教地位均由朝廷任命或加以承认，各宗掌教的人选，由本宗上层推定后经皇帝批准赐印，有时也直接由皇帝委派本宗之孚众望者担任。元政府除了对各派掌教竭力加以控制外，还设置专门机构，对“教法”以外的事务，特别是涉及国家与道流之间关系的各种有关事务，加以干预和管理。在中央，以道教隶集贤院；地方上，各教门都置道官一人，领其徒属，用五品印。宫观各置主掌。元代的道官主要有道录、道正、道判、提点等。道官虽多由道士充任，但一般由政府任命。

3. 伊斯兰教

成吉思汗和他的继承者多次发动西征，征服了中亚、西亚各国，打通了东西交往的要道，大批阿拉伯、波斯和伊斯兰化的突厥人被蒙古军队作为工匠、士兵带入中国，其人数之多，远远超过了唐宋以来客居中国的“土生蕃客”。新来回回人在战争中立有战功，在蒙元政权中充任大小官吏，政治上地位优越，因而很快“附籍”，成为中华民族大家庭中的一员。

元代回回人种族繁多、语言不一，但他们在“回回”的称号下，以伊斯兰教为纽带，把各种信仰伊斯兰教的人群松散地组合在一起。再加上“元时回回遍天下”，回回人由于为官宦、为军士、为商贾，足迹几乎遍及全国绝大多数地区。然而，这种松散的组合如果没有强大的宗教和习俗作为聚合力量，是难以维持的。

元代中国伊斯兰教的传播大大超过了前代，其活动具有以下特点：

第一，伊斯兰教得到官方的支持。当然，伊斯兰教的传播又与元廷内部政治斗争有密切关系。元世祖忽必烈对各种宗教采取兼收并蓄的政策，他十分重用回回人理财，因而世祖朝基本上奠定了伊斯兰教发展的基础。以后由于帝位不断更迭，回回权臣常常卷入皇位继承之争，伊斯兰教地位的升降也与回回权臣的地位变化联系了起来，但总的来说是受到特殊照顾的。例如，答失蛮（伊斯兰教士）不仅宗教活动自由，而且可以享受免除赋税的特权。元代各级政府对穆斯林非常友好，摩洛哥旅行家伊本·白图泰在中国到处受到欢迎和礼遇，他在泉州接到大汗"热情欢迎"他去京师大都的通知；在杭州，"中国的总长官"（当是江浙行省长官）郭尔塔对伊本·白图泰给予高规格的接待，"为此请来了穆斯林厨师，按伊斯兰教法宰牲治席"。在《伊本·白图泰游记》中没有任何关于中国穆斯林受到压制的记载。

第二，元代伊斯兰教与佛、道一样，也有全国性的组织或机构。由于元代回回人几乎遍及全国，因而清真寺的建设也似雨后春笋一般到处都是。至正八年（1348 年）的中山府《重建礼拜寺记》云："今近而京师，远而诸路，其寺万余，俱西向以行拜天之礼。"清真寺中的神职人员也相当规范和齐全，《伊本·白图泰游记》中说，中国每一城市都有"谢赫·伊斯兰"，意为"主教"或"总教长”，即泉州《重立清净寺碑》中的“摄思廉”；其下有“谢赫”，即教内有名望和地位者的尊称；神职人员“亦绵”“没塔完里”“谟阿津”等见于泉州《重立清净寺碑》，这些名称是阿拉伯语的音译。值得注意的是，伊本·白图泰说元代中国有“全国穆斯林的首领，并以刷·知汗称呼他”，此人就是鲍尔汗丁·刷尔智。

第三，教义、教法、习俗要求更严。元代回回人分散于全国各地，但教义、教法不变。《清净寺记》云：“其教以万物本乎天，天一理，无可像，故事天至虔而无像设，每岁斋戒一月，更衣沐浴，居必易常处，日西向拜天，净心诵经。经本天人所授三十藏，计一百一十四部，凡六千六百六十六卷。旨义渊微，以至公无私，正心修德为本，以祝圣化民、周急解厄为事，持己接人，内外慎敕。迄今八百余岁，国俗严奉尊信，虽适殊域，传子孙，累世不易。”

第四，对伊斯兰教义、教法的解释开始儒化。众所周知，元中期后，大批来华的穆斯林已进入第三、第四代，他们普遍地接受了汉文化，姓氏、语言亦开始汉化。伊斯兰教要适应中国国情、扎根于中华大地，只有用儒家学说的某些观点来诠释伊斯兰教教义，更能使广大穆斯林和教外人士接受。

6 世纪下半叶，伊斯兰教内部分裂成两大派别：逊尼派承认四大哈里发都是合法继承者，自称正统派；什叶派只承认阿里及其后裔为合法继承者，并以阿里为第一代伊玛目。元代来华之穆斯林来自四面八方，分属于逊尼、什叶等教派。什叶派又称阿里派，回回人物中有赛夷、赛典赤之称者，专指穆罕默德之婿阿里的后人，故也应属于什叶派。

元代中国穆斯林的人数远较唐宋时期为多，分布地域远较唐宋时期宽广，对穆斯林的管理更需加强。元朝政府采取唐宋时期蕃长司的基本方式，正式成立回回哈的司（有时称回回掌教哈的所）这一政府机构来掌管穆斯林的宗教事务及刑名、词讼诸事，使自治其徒。“哈的”系阿拉伯语 qadi 的音译，伊斯兰教法官称号。回回哈的司当在世祖忽必烈时期设置。但随着元廷内部斗争的变化，回回哈的司也时有变动。忽必烈统治后期，阿合马及其子侄、党羽被诛杀，回回人在朝廷中的势力受到遏止；以后成宗铁穆耳即位，重用赛典赤·伯颜等秉政，回回人势力有所抬头。但成宗死后，伯颜参与拥戴安西王阿难答夺位，事败被杀；武宗海山即位，没有重用回回人。至大四年（1311 年）武宗卒，其弟仁宗爱育黎拔力八达即位不久，即下令罢回回哈的司属：“哈的大师每，只教他每掌教念经者。回回人应有的刑名、户婚，钱粮、词讼、大小公事，哈的每休问者，教有司官依体例问者。外头设立来的衙门并委付来的人每，革罢了者。”实行政教分家，削弱哈的大师的权力。但泰定帝也孙铁木儿即位后，重用回回人倒剌沙为中书左丞相，回回哈的司重新恢复权力。致和元年（1328 年）七月，泰定帝病死；八月，燕铁木儿在大都发动政变，倒剌沙在上都拥立泰定帝子阿剌吉八为帝；爆发两都之战的前夕，燕铁木儿拥立图帖睦尔为文宗，文宗一进京就下令罢回回掌教哈的所，显然是为了打击回回人。但两都之战结束后，回回哈的司或许很快就恢复了。到至正六年（1346 年）伊本·白图泰来华时已是另一番情景：中国每一城市都设有谢赫·伊斯兰，总管穆斯林事务。另有法官一人，处理他们之间的诉讼案件。可见，回回哈的司已恢复工作。

4. 基督教

唐初，基督教开始传入中国，当时被称为“景教”或“波斯经教”，其教堂名为“波斯寺”，它是基督教聂思脱里派。但到会昌五年（845 年），由于唐武宗灭佛，许多外来宗教都受到严重打击，景教在内地趋于灭绝。但它在西北少数民族中仍一直有所活动，克烈、汪古、乃蛮、畏兀儿人中，景教一直很流行。随着蒙古对全中国的征服，信奉聂思脱里教的部分突厥、蒙古部民散居全国各地，聂思脱里教又重新传入内地。与此同时，因为蒙古西征时所掳回的战俘、工匠等人口中有很多西亚、东欧的天主教徒，特别是因为蒙古及元政权与罗马教廷的直接联系，不少天主教传教士东来，所以罗马天主教也在元代传到中国。

元代基督教主要活动在唐兀、汪古、大都、江南沿海等地。

唐兀是西夏故地，较早以来就是聂思脱里主教驻节地区之一。其后，当聂思脱里教士列班扫马和麻古思在前往耶路撒冷朝圣途中经过唐兀首府时，受到当地居民的热烈迎送。据《马可·波罗行纪》，在甘州、肃州、凉州、阿拉善等地，都有信教者分布其间。

克烈部败亡之后，汪古成为东方信奉聂思脱里教的最著名的部族。在阔里吉思家族的赵王府所在地，即元德宁路治的土城遗址中发掘出了十安架石等聂思脱里教的遗物。阔里吉思原先信奉聂思脱里教，后来在奉罗马教皇之命东来的天主教大主教孟特·戈维诺影响之下，带领很大一部分部众皈依了天主教，并在当地建造起一座华丽的天主教堂。但他的行为遭到他兄弟的反对。在他对西北叛王笃哇俘杀后，那些改从天主教派的汪古部众又重新被聂思脱里教派所争取。

汪古部居地内的另一个聂思脱里派信徒的据点是东胜（今内蒙古托克托附近）。西行朝圣的聂思脱里二教士之一麻古思，就是东胜地区的聂思脱里大辅教拜泥的儿子。麻古思后来被选为巴格达聂思脱里教总教。阔里吉思的伯父君不花和父亲爱不花就驻扎在东胜附近，他们曾企图把这两个西行的教士留在领地内。

大都是元代的政治中心，因而成为基督教各派争相活动的地区。聂思脱里教徒在大都势力颇大。大都附近的房山三盆山十字寺遗址一直保留到现在。孟特·戈维诺在他的一封信中谈到这里的聂思脱里教时说，一种自称为基督教，但其行为极端违反基督教义的聂思脱里教徒的势力在这里是如此之大，以致他们在允许奉行另外一种仪式的基督教徒保持自己的信仰方面没有任何余地，他们不许传播任何别的教义。聂思脱里教徒千方百计地败坏这位教皇使臣的声誉，甚至把他说成是侦探、骗子和谋杀者。这种情况维持了四五年之久。比孟特·戈维诺晚到大都的彼列格林的书信，证实了孟特·戈维诺的叙述。由于孟特·戈维诺等人的努力，罗马天主教毕竟在大都赢得了一批信徒。经孟特·戈维诺受洗的天主教徒不下于6000人。他在大都建立了多所天主教堂。在大都的阿速人原来信奉希腊东正教，这时也皈依孟特·戈维诺，其人数在3万以上。1307年3月，罗马教廷继委任孟特·戈维诺为大都大主教暨全东方总主教之后，又派遣了一批教士前来中国，其中热拉德、彼列格林和安德鲁3人抵达中国。安德鲁后来被任命为泉州主教。孟特·戈维诺死后，大都大主教阙任。一部分在大都的阿速贵族联名上书罗马教皇，要求他派一位大主教来。这件事发生在元顺帝在位时。实际上，罗马教廷后来任命的大都大主教，始终未曾抵达过大都。元代后期，阿速人在政府军队中的地位逐渐上升，随着阿速人政治势力的膨胀，其所信奉的天主教的影响，亦当有所扩大。

江南及沿海地区的基督教，是在元灭南宋之后逐步传入的。至元十四年（1277年），聂思脱里教徒马薛里吉思任镇江府路总管府副达鲁花赤。在任期间先后建教堂7所，其中一所在杭州。七寺的“常住”田产共计官、民田70余顷。记录马薛里吉思事迹的梁相《大兴国寺记》，对聂思脱里教的教义和教规有所记载。镇江地区是江南聂思脱里教的一个重要基地，这里还有其他人修建的若干所十字寺。另据鄂多立克说，扬州除了3所聂思脱里教十字寺外，也有若干天主教士住在该城。在扬州发现的1342年拉丁文墓碑，证明当时该地确有天主教士在活动。

据马可·波罗说，杭州只有一所聂思脱里教堂，它无疑就是马薛里吉思建立的样宣·忽木剌（叙利亚语Umura，译言“寺院”），汉名大普兴寺。天主教士在杭州也有若干传教活动。

泉州也是天主教活动的地区，自14世纪初开始，即由孟特·戈维诺向该地派遣主教。自此至元末，担任泉州天主教主教之职者先后为杰勒德、佩里格林和安德鲁。富裕的教徒捐赠了一座教堂和生活必需品给他们，他们还准备在郊外建造礼拜寺。安德鲁死于1325年，葬泉州。他的墓也已在泉州发现。此外，在辽东、昆明等地也有基督教徒的活动。

“也里可温”是元人对基督教徒和传教士的通称，这是袭用波斯人对基督教徒的称呼。元朝政府容许基督教自由传教，至元二十八年（1291 年）在中央设崇福司，秩从二品，掌领马儿（mar，主教）、哈昔（hasia，僧侣）、列班（rabban，教师）、也里可温、十字寺祭享等事。仁宗延祐二年（1315 年），改司为院，省并天下也里可温掌教司 72 所。也里可温人户同佛、道、答失蛮和儒户一样，可以优免差发徭役，但规定“种田入租，贸易输税”。

5. 生活习俗

祭祀。元代的礼俗一方面继承了汉族传统的礼俗，一方面又充实了蒙古族的礼俗。

祭祀的对象包括天地、宗庙、社稷、先农、先圣、岳镇海渎及风师、雨师、雷师等。蒙古人早期信仰萨满教，崇拜至高无上的“长生天”，因而特别重视祭天。成吉思汗每逢大征战多有祭天活动。忽必烈即位后定每年六月二十四日祭天一次，又同时祭地。窝阔台时开始祭祖。到至元三年（1266 年）建成太庙后，按中国历代王朝传统礼制进行祭祀，皇帝常亲享太庙对列宗拜享。如至正三年（1343 年）顺帝享太庙时至宁宗前，问礼仪使曰：“我，兄也，彼，弟也，拜合礼否？”博士对曰：“宁宗皇帝虽是弟，已曾承宗器而为皇帝，时陛下亦尝做他的臣子来，当拜。”顺帝乃拜。可见祭祖之俗终元之世不变。

祭礼的方式多行蒙古之制。太庙大祭时行“国礼”——割奠。由蒙古博儿赤（司厨的怯薛官）跪割祭牲的肉，置于太仆卿奉侍的朱漆供盘上，酹以马湩，而后祭供。蒙古太祝呼帝后御讳，致祭年月日数，致祭物品，最后读蒙古语祝文。礼毕，以割奠之余撒在南棂星门外，称为“抛撒茶饭”。皇室和蒙古平民在祭祖、祭天时还因袭契丹、女真习俗，行“烧饭”祭礼，蒙古语称为“亦捏鲁”。

汉族民间按照传统有时祭、祖祭、墓祭之制。时祭用仲月，择仲月三旬各一日，或丁或亥，祭品牲曰祭，无牲曰荐，一般不用牲，唯设庶馐普通食品。春荐韭，夏荐麦，秋荐黍，冬荐稻。祖祭一般是冬至祭始祖，立春祭先祖，季秋祭祢（父）。墓祭于三月上旬进行，即扫墓。

饮食。元代饮食文化相当发展。元代继承前代饮食传统并加以提高；同时，由于大批中亚、西亚人进入中原，也带来了许多中亚、西亚的饮食。

据元人所著《居家必用事类全集》庚集，元代饮食分工极细，计有烧肉品、煮肉品、肉下酒、肉灌肠红丝品、肉下饭品、肉类食品、湿面食品、干面食品、从食品、素食、煎酥乳酪品、造诸粉品等一百四五十种。该书已集还载有诸品汤 30 种；制造香料、果食、酒、醋、酱、豉、蔬食，腌制肉食、鱼品等法一百四五十种。忽思慧《饮膳正要》中也有各种奇珍异馔、汤膏煎造 238 方。

元代回回食品、女真食品颇为流行。以回回食品为例，即有即你匹牙、马思答吉（香料名）汤、设克儿匹刺等几十种。所用原料大多为西域传入之回回豆、回回青、马思答吉、必思答（即阿月浑子，药物）等。

在品茶和饮料方面，元人颇有新的创造。如品茶多继承前代饮茶法、煎茶法，又有脑麝香茶、百花香茶、法煎香茶、枸杞茶、擂茶、兰膏茶、酥签茶、合足味茶法、制孩儿香茶法等。新的饮料舍利别是 1220 年撒马耳干医生撒必传入的波斯饮料，一类以水果、一类以香料加蜜、糖之类熬煮而成，初为宫廷饮料，后在民间广泛饮用。

礼仪。蒙古进入中原后，逐渐采用中原王朝的礼仪传统。早在窝阔台时，耶律楚材就制订了册立礼仪，要求皇族尊长一律列班就拜。忽必烈即位后，命刘秉忠、许衡等制订朝仪服色，在冕服、公服、仪卫服色、器皿、帐幕、车舆、鞍辔等方面都有严格规定。如元朝内廷举行质孙（又称“诈马”，为波斯文 jamah 的音译，意为“外衣”）宴，只有得到皇帝赏赐质孙服的勋戚大臣、近侍才有资格参加，质孙服用高级丝绸和纳失失、速夫、怯绵里（剪茸）等衣料制成。天子质孙，冬服分十一等，夏服分十五等；百官质孙，冬服九等，夏服十四等。

蒙古人尚白，旗、帐、伞盖、服色以白最贵重。蒙古又尚右，诸子封地在老营之右；太庙神主排列自右至左；中书省及行省官员，右丞相、右丞分别在左丞相、左丞之上；在帐幕里，男人坐右边，妇人坐左边；进食时，他人递来食品要用右手去接。蒙古还崇尚九这一数字。

婚姻。元制：“诸色人同类自相婚姻者，各从本俗法；递相婚姻者以男为主，蒙古人不在此例。”

蒙古人以议婚为主，双方父亲同意即饮“布浑察儿”（许亲酒），议婚后即付聘礼，一般以马为聘。蒙古贵族讲究门当户对，一般不与平民通婚。黄金家族与弘吉剌氏贵族联姻，成吉思汗下旨：“弘吉剌氏生女世以为后，生男世尚公主”。蒙古人也实行一夫多妻制，父死子可娶其庶母，兄死弟则收其妻，这种收继婚制比较普遍。

汉族的婚姻礼俗基本上沿袭原有传统。其顺序参照南宋朱熹《家礼·婚礼》拟订，包括拟婚、纳彩、亲迎、妇见舅姑、庙见和婿见妇之父母等过程。蒙古收继婚制对汉族也有影响，但元朝的法律是禁止实施“非其本俗”的习俗的。

各族之间互相通婚比较普遍。信奉伊斯兰教的回回人，多依《古兰经》规定实行族内通婚，但在当时回回人处于聚合过程的特殊条件下，族外通婚实属不少。如元曲大家王实甫之父王逖勋从成吉思汗西征，娶阿鲁浑氏，即为一例。

丧葬。元代丧葬也是各从本俗。蒙古人实行土葬，无冢，富人有棺。蒙古皇帝从成吉思汗起，棺人埋后掩埋，即驱马蹴平，上覆草，不修陵墓。随葬死者生活用品较普遍。葬后，每日用羊二次“烧饭”以为祭，至四十九日祭祀活动结束。但蒙古官员受汉族三年丁忧影响也不少。

汉制与传统相仿，但元代正式把五服（斩衰、齐衰、大功、小功、缌麻）服丧的规定列入《大元通制》之中，这是中国法制史上第一次。汉族实行棺木土葬，法律规定禁止火葬。

其他各族也各从本俗。回回人依本俗，大净（洗尸体）、穿卡番（尸衣）后土埋等。各地回回人聚居之处多有回回丛冢地，如杭州有聚景园，泉州有灵山圣墓。党项族实行火葬、土葬、天葬、水葬四种方式。畏兀儿族行土葬、火葬。云南少数民族多盛行火葬，赛典赤·瞻思丁治滇后推行土葬。

节日。元代岁时节序沿袭历代形成的传统。政府规定："京府州县官员……若遇天寿、冬至，各给假二日；元正、寒食，各三日；七月十五、十月一日、立春、重午、立秋、重九、每旬，各给假一日。"

每逢元旦，行朝贺大礼。民间有贺新年风俗。正月十五，上元观灯宫中尤其热闹壮观。元月和是燕九节，大都士女往南城长春宫、白云观烧香，祭祀全真教宗师丘处机生日，同时宴游取乐。清明前一二日为寒食，寒食至清明放假三天，人们祭祖扫墓。达官贵人之家有打球、斗鸡、秋千等娱乐，平民百姓用菽黍秸编成圆圈，用圈自头至足套一遍，掷入水中，表示脱贫之意。五月初五为重午节，为纪念屈原之日，宣徽院等衙门向皇帝皇室进献宝扇、彩索、珠花、凉糕、香粽等物；民间市场出售艾虎、泥大师、彩线、符袋牌等，南方还盛行龙船比赛，但至元三十年（1293年）曾下令禁止。七月初七为七夕节，也称乞巧节、女儿节，民间有牛郎星织女鹊桥相会的故事。七月十五是中元节，又称鬼节，祭祀祖先、追念亡灵。立秋、中秋、重九也很重视。十月初，元廷命武官于东华门外开射圃常年国典，称开垛场。太子发三矢至高远，名射天狼（俗称射天狗），而后宰臣、诸王发数矢。射毕，在别殿开设盛宴。冬至日，太史院进历。十二月初八是佛成道日，元人沿袭煮食腊八粥。